Sandra Strafiel

Rechtliche Untersuchung der Entsendung von Arbeitskräften von Deutschland in die Russische Föderation unter besonderer Berücksichtigung der praxisrelevanten Vertragsmodelle

AF131846

Strafiel, Sandra

Rechtliche Untersuchung der Entsendung von Arbeitskräften von Deutschland in die
Russische Föderation
unter besonderer Berücksichtigung der praxisrelevanten Vertragsmodelle

Schriftenreihe: Rechtspraxis im Ostseeraum, Band 1
herausgegeben vom Ostinstitut Wismar
www.ostinstitut.de

1. Auflage 2011 | ISBN: 978-3-86741-695-5

Sandra Strafiel

Rechtliche Untersuchung der Entsendung von Arbeitskräften von Deutschland in die Russische Föderation

Rechtspraxis im Ostseeraum, Band 1

www.eh-verlag.de

Inhalt

Abkürzungsverzeichnis

a.A.	andere Ansicht
AEntG	Arbeitnehmer-Entsendegesetz – BRD
AGB	Allgemeine Geschäftsbedingungen
AHK	Auslandshandelskammer
AktG	Aktiengesetz – BRD
AO	Abgabenordnung – BRD
AP	Arbeitsrechtliche Praxis – Nachschlagewerk des Bundesarbeitsgerichts Entscheidungssammlungen)
ArbEG	Arbeitnehmererfindungsgesetz – BRD
ArbGB	Arbeitsgesetzbuch – RF
ArbGG	Arbeitsgerichtsgesetz – BRD
ArbZG	Arbeitszeitgesetz – BRD
AuA	Arbeit und Arbeitsrecht (Zeitschrift)
AuR	Arbeit und Recht (Zeitschrift)
AÜG	Arbeitnehmerüberlassungsgesetz – BRD
BAG	Bundesarbeitsgericht
BB	Betriebs-Berater (Zeitschrift)
BBiG	Berufsbildungsgesetz – BRD
BetrAVG	Gesetz zur Verbesserung der betrieblichen Altersversorgung – BRD
BetrVG	Betriebsverfassungsgesetz – BRD
BFH	Bundesfinanzhof
BGB	Bürgerliches Gesetzbuch – BRD
BGBl	Bundesgesetzblatt
BGH	Bundesgerichtshof
BGHZ	Entscheidungen des Bundesgerichtshofs in Zivilsachen
BMF	Bundesfinanzministerium
BSG	Bundessozialgericht
BSGE	Entscheidungen des Bundessozialgerichts
BStBl	Bundessteuerblatt
BT-Drs.	Bundestagsdrucksache
BUrlG	Bundesurlaubsgesetz – BRD
BVerwG	Bundesverwaltungsgericht
DB	Der Betrieb (Zeitschrift)
DBA	Doppelbesteuerungsabkommen
EGBGB	Einführungsgesetz zum Bürgerlichen Gesetzbuch – BRD
EGV	Vertrag zur Gründung der Europäischen Wirtschaftsgemeinschaft
EntgeltFG	Entgeltfortzahlungsgesetz – BRD

I

EuGH	Europäischer Gerichtshof
EzA	Entscheidungssammlung zum Arbeitsrecht (Zeitschrift)
FMS	Föderale Migrationsbehörde der RF
FZ	Föderales Gesetz der RF
GewO	Gewerbeordnung – BRD
GG	Grundgesetz – BRD
GKV-WSG	Gesetz zur Stärkung des Wettbewerbs in der Gesetzlichen Krankenversicherung
GmbH	Gesellschaft mit beschränkter Haftung
GmbHG	Gesetz betreffend die Gesellschaften mit beschränkter Haftung – BRD
GmbHR	GmbH-Rundschau (Zeitschrift)
GRUR	Gewerblicher Rechtsschutz und Urheberrecht (Zeitschrift)
HGB	Handelsgesetzbuch – BRD
h.M.	herrschende Meinung
i.d.R.	in der Regel
i.H.d.	in Höhe des/der
IHK	Industrie- und Handelskammer
i.H.v.	in Höhe von
ILO	International Labour Organization
IPR	Internationales Privatrecht
IStR	Internationales Steuerrecht (Zeitschrift)
jurisPR-SozR	Juris Praxisreport Sozialrecht
KSchG	Kündigungsschutzgesetz – BRD
LAG	Landesarbeitsgericht
MDR	Monatsschrift für Deutsches Recht (Zeitschrift)
m.w.N.	mit weiteren Nachweisen
NachwG	Nachweisgesetz – BRD
NJW	Neue Juristische Wochenschrift (Zeitschrift)
NZA	Neue Zeitschrift für Arbeitsrecht
NZS	Neue Zeitschrift für Sozialrecht
OFD	Oberfinanzdirektion
OOO	„Obschtschestwo s ogranitschennoj otvetstvennostju" = Gesellschaft mit beschränkter Haftung im russischen Recht
RdA	Recht der Arbeit (Zeitschrift)
RF	Russische Föderation
RGmbHG	Gesetz über die Gesellschaften mit beschränkter Haftung – RF
RR	Rechtsprechungs-Report
RStGB	Strafgesetzbuch – RF
SG	Sozialgericht
SGB	Sozialgesetzbuch

A. Einführung

I. Notwendigkeit der Entsendung von Personal aus Deutschland in die RF

Deutsche Großunternehmen haben bereits seit einigen Jahren das Potenzial des russischen Marktes entdeckt[1]. Derzeit drängen insbesondere viele mittelständische Unternehmen auf diesen Markt, um das aufstrebende Marktpotential in Russland zu nutzen.

Die Auswirkungen der Wirtschaftskrise waren auch in der Russischen Föderation deutlich spürbar. Es gab drastische Wirtschaftseinbrüche; dennoch halten die meisten deutschen Investoren den Folgen der Krise stand[2]. Es ist keine erhöhte Abwanderungsquote deutscher Investoren erkennbar - momentan zeichnet sich sogar ein Aufwärtstrend in der Wirtschaft ab. Das BIP wuchs bspw. im ersten Quartal 2010 um 2,9 Prozent im Vergleich zum Vorjahr[3]. Die kumulierten Auslandsinvestitionen in Russland stiegen von März 2009 bis März 2010 um mehr als 17 Prozent an[4]. Deutschland belegte im Jahr 2009 bei den Auslandsinvestitionen in Russland nach Zypern, Niederlande, Luxemburg und Großbritannien den 5. Platz[5]. Demzufolge nehmen die deutschen Investitionen eine bedeutende Stellung in Russland ein.

Der russische Markt wird auch in den nächsten Jahren für deutsche Investoren attraktiv sein. Die russische Regierung schafft Investitionsvorteile für ausländische Investoren, z.B. durch günstige Standortbedingungen, administrative Unterstützung sowie Steuervergünstigungen[6].

Zudem besteht in Russland durch das gestiegene Einkommen der Bevölkerung in vielen Bereichen ein derzeit nicht gesättigter Markt, welcher hohe Wachstumsraten verspricht.

Der Trend der deutschen Unternehmen geht dahin, den Markt durch eine Repräsentanz oder Tochtergesellschaft vor Ort zu erschließen. Ca. 3000 deutsche Unternehmen haben in der RF eine Vertretung in Form einer Tochtergesellschaft, Repräsentanz oder Filiale[7]. Dies erfordert regelmäßig den Einsatz von deutschen Mitarbeitern in Russland.

---

[1]   *Sarodnick*, S. 35.
[2]   *Pristavkina/Wedde*, AuA 2009, 699.
[3]   *Deutsch-Russische AHK*, Russland in Zahlen, S. 4, unter: http://russland.ahk.de.
[4]   *Deutsch-Russische AHK*, Russland in Zahlen, S. 4, unter: http://russland.ahk.de.
[5]   *Deutsch-Russische AHK*, Russland in Zahlen, S. 9, unter: http://russland.ahk.de.
[6]   *Sarodnick*, S. 35.
[7]   *Sarodnick*, S. 36.

Rund um den Einsatz von Personal in der RF ergeben sich vielfältige Fragen sowohl auf Seiten des Mitarbeiters als auch auf Seiten des Unternehmens:

Welche rechtlichen Vorschriften müssen eingehalten werden? Wie gestaltet man die Verträge wirksam? Wo müssen Steuern oder Sozialversicherungsbeiträge abgeführt werden?

Diese beispielhaften Fragen zeigen, welche weitreichenden Aspekte bei einer Entsendung bedacht werden müssen.

Im Rahmen der Entsendungsproblematik wurden bisher in der Literatur ausführlich die Entsendung von Mitarbeitern innerhalb der Europäischen Union sowie die Entsendung in die Bundesrepublik Deutschland behandelt. Demgegenüber wurde die Entsendung von Deutschland in die RF bisher kaum problematisiert. Demnach besteht aufgrund des großen Bedarfs seitens der Wirtschaft die Notwendigkeit, die rechtlichen Anforderungen einer Entsendung von Deutschland nach Russland zu analysieren und Problembereiche aufzuzeigen.

II. Ziel der Ausarbeitung

Das Ziel der folgenden Ausarbeitung besteht darin, die rechtlichen Anforderungen einer Entsendung konkret am Beispiel der Entsendung von Mitarbeitern von Deutschland in die RF herauszuarbeiten. Dies erfordert insbesondere die Auseinandersetzung mit den Regelungsbereichen des Internationalen Rechts, des Arbeits-, Steuer-, Sozialversicherungsrechts sowie des Ausländer- und Aufenthaltsrechts. Bezüglich der arbeitsrechtlichen Analyse wird das Hauptaugenmerk auf das Individualarbeitsrecht gelegt.

Im Rahmen der Darstellung wird auf die praxisrelevanten Modelle der Entsendung eingegangen und analysiert, ob diese in der RF umsetzbar sind.

Weiterhin steht die inhaltliche Ausgestaltung der anwendbaren Vertragsmodelle im Vordergrund, wobei die gesetzlichen Vorschriften der RF Beachtung finden müssen. Russland verfügt über umfassende und strenge Arbeitsrechtsvorschriften, insbesondere im Hinblick auf die Kündigungsregelungen sowie über strenge migrations- und ausländerrechtliche Vorschriften, welche bei Missachtung zu erheblichen Strafen führen können. Demzufolge ist in dieser Ausarbeitung eine gründliche Auseinandersetzung mit den arbeitsrechtlichen Regelungen sowie den Ausländer- und Migrationsvorschriften notwendig.

Darüber hinaus differenziert diese Ausarbeitung bewusst zwischen der Entsendung von Arbeitnehmern und Führungskräften und stellt die unterschiedlichen Konsequenzen, die sich für die Vertragsgestaltung ergeben können, heraus.

Im Rahmen der Ausarbeitung wird auf die praxisrelevanten rechtlichen Probleme bei der Entsendung eingegangen und es werden Lösungsmöglichkeiten aufgezeigt.

III. Beispiele für praxisrelevante Probleme

Bei der Entsendung von deutschen Mitarbeitern in die RF stellt sich regelmäßig die Frage, welches Recht auf den Entsendungsvertrag Anwendung findet. Kommt deutsches, russisches oder ein gewähltes Recht zur Anwendung? Außerdem müsste geprüft werden, ob international zwingende Vorschriften des russischen Rechts bestehen, welche sich möglicherweise gegen deutsches Recht durchsetzen könnten. Oftmals bedürfen einzelne vertragliche Klauseln der gesonderten Bestimmung des anwendbaren Rechts, wie z.B. bei Feiertagsregelungen[8] oder Regelungen der Entgeltfortzahlung[9], da sie nicht nach dem Arbeitsvertragsstatut anzuknüpfen sind.

In der Praxis ergeben sich häufig Probleme hinsichtlich des Verbleibs in der deutschen Sozialversicherung. Teilweise kann es bei Entsendungen zu einer Doppelversicherung im Herkunftsland und im Einsatzland kommen oder dazu, dass der Mitarbeiter in keinem der beiden Länder einer Versicherungspflicht unterliegt.

Häufig wird der Mitarbeiter mit dem Ziel in die RF entsandt, Know-how-Transfer durchzuführen und die Unternehmensstrukturen des russischen Unternehmens an die des deutschen Unternehmens anzugleichen. Die erfolgreiche Umsetzung dieser Aufgaben erfordert regelmäßig die nahe Anbindung an das Heimatunternehmen, bspw. durch umfassende Weisungsrechte oder regelmäßige Berichtspflichten. Problematisch erweist sich in diesem Zusammenhang, insbesondere bei leitenden Mitarbeitern, wie diese geschickt an die Heimatgesellschaft angebunden werden können, um ein Abwandern zu einem Konkurrenten zu vermeiden bzw. die Verselbständigung der russischen Tochtergesellschaft zu verhindern.

---

8   *MünchArbR – Birk*, § 20 Rn. 152; *Mauer*, Rn. 379; *Müller*, S. 342.
9   *Mauer*, Rn. 380.

3

Diese vielfältigen Problembereiche zeigen die Komplexität eines Entsendungssachverhaltes und werden in der folgenden Ausarbeitung teilweise analysiert.

B. Grundlegende Überlegungen

I. Begriff Entsendung

Im Rahmen von grenzüberschreitenden Einsätzen von Mitarbeitern im Ausland wird immer wieder der Begriff der „Entsendung" verwendet. Dabei ist fraglich, woher dieser Begriff stammt und was er beinhaltet.

Diese Ausarbeitung behandelt die Entsendung von Mitarbeitern von Deutschland nach Russland. Dementsprechend wird im Folgenden der Begriff der „Entsendung" sowohl im deutschen als auch im russischen Recht untersucht.

1. Begriff im deutschen Recht

Im allgemeinen Sprachgebrauch versteht man unter einer Entsendung „das Schicken von einem Ort zu einem anderen zur Erfüllung eines Auftrages"[10]. Bezogen auf die Entsendung von Mitarbeitern in das Ausland würde dies bedeuten, dass der Arbeitgeber seinen Mitarbeiter zur Erfüllung eines Dienstauftrages ins Ausland schickt. Diese Auslegung des Entsendungsbegriffes wird auch durch die allgemein gängige Praxis bestätigt. Hier wird der Entsendungsbegriff als personalpolitischer Oberbegriff verstanden, welcher Mitarbeitereinsätze im Ausland aller Art umfasst[11].

Dem Begriff aus dem allgemeinen Sprachgebrauch steht für längere Auslandseinsätze der Entsendungsbegriff in Anlehnung an die Terminologie aus dem Sozialversicherungsrecht gegenüber[12]. Im Sozialversicherungsrecht versteht man unter einer Entsendung eine „zeitlich befristete weisungsgemäße Aufnahme einer Tätigkeit in einem anderen Land als der Bundesrepublik für einen in Deutschland ansässigen Arbeitgeber im Rahmen eines inländischen Beschäftigungsverhältnisses"[13].

Es ist zu berücksichtigen, dass dieser sozialversicherungsrechtliche Begriff nicht ohne weiteres auf das internationale Arbeitsrecht übertragen werden kann, da dem Sozialversicherungsrecht andere Regelungsziele zugrunde liegen. Insbesondere die Voraussetzungen, dass der Arbeitgeber in Deutschland ansässig sein muss und ein inländisches Beschäftigungsverhältnis für eine Entsendung vorliegen muss, ist nur für das

---

[10]   Duden, Deutsches Universalwörterbuch, „entsenden"; Duden, Bedeutungswörterbuch, „entsenden".
[11]   *Laws/Koziner/Waldenmaier*, S. 30.
[12]   *Mastmann/Stark*, BB 2005, 1849.
[13]   *Gemmel*, AuA 2008, 270.

Sozialversicherungsrecht maßgeblich. Das deutsche Sozialversicherungsrecht soll nur außerhalb von Deutschland gelten, wenn eine bestimmte Bindung zum Heimatunternehmen vorliegt[14]. Für den Begriff des internationalen Arbeitsrechts spielen diese Merkmale nur eine untergeordnete Rolle.

Im internationalen Arbeitsrecht hat die EU im Rahmen der Entsenderichtlinie[15] eine Begriffsdefinition vorgenommen. Das Europäische Recht definiert nach Art. 2 der Entsenderichtlinie den entsandten Arbeitnehmer als *„Arbeitnehmer, der während eines begrenzten Zeitraumes seine Arbeitsleistung im Hoheitsgebiet eines anderen Mitgliedsstaats als demjenigen erbringt, in dessen Hoheitsgebiet er normalerweise arbeitet".*

Bereits aus dem Wortlaut der Regelung wird deutlich, dass die Definition grundsätzlich nur für die Entsendung innerhalb der Mitgliedsstaaten gilt und sich somit die RF ihrem Anwendungsbereich entzieht.

Als Zwischenergebnis kann demnach festgehalten werden, dass im deutschen Recht kein einheitlicher Begriff für die Entsendung von Mitarbeitern in Länder außerhalb der Europäischen Union existiert[16]. Jedes Unternehmen kann somit intern festlegen, welche Begriffe es für die verschiedenen Einsatzarten verwendet.

2. Begriff im russischen Recht

Im Gegensatz zum deutschen Recht ist dem russischen Recht der Begriff der *„Entsendung"* völlig unbekannt.

Das russische Arbeitsgesetzbuch (ArbGB) definiert lediglich im Art. 166 den Begriff der Dienstreise wie folgt: *„Eine Dienstreise ist eine Reise des Arbeitnehmers auf Verfügung des Arbeitgebers über eine gewisse Zeit zur Erfüllung eines Dienstauftrages außerhalb des ständigen Arbeitsplatzes".*

Interessant erscheint bei der weiteren Betrachtung, dass dem Dienstreisenden nicht nur ein Anspruch auf Erstattung der mit der Dienstreise verbundenen Kosten zusteht, sondern ebenfalls ein Erstattungsanspruch beim Umzug zu einer anderen Arbeitsstelle[17]. Dieser Anspruch beinhaltet z.B. die Aufwendungen zur Beförderung der Vermögensgegenstände und Aufwendungen für die neue Wohnungseinrichtung[18]. Diese Ansprüche

---

14   *Mastmann/Stark*, BB 2005, 1849, 1854.
15   Richtlinie 96/71/EG des Europäischen Parlaments und Rates vom 16.12.1996.
16   *Mastmann/Stark*, BB 2005, 1849.
17   *Орловский/Нуртдинова*, S. 343, 347.
18   *Орловский/Нуртдинова*, S. 348.

deuten darauf hin, dass es sich bei der russischen Dienstreise im Gegensatz zum deutschen Recht (s. Ziff. B. II. 1) durchaus um einen längerfristigen Aufenthalt handeln könnte. Eine Dienstreise ist auch nicht nur auf das Inland beschränkt, sondern kann auch einen Einsatz außerhalb der RF vorsehen[19].

Demnach wird festgestellt, dass der deutsche allgemeinsprachliche- und der sozialversicherungsrechtliche Entsendungsbegriff Gemeinsamkeiten mit dem russischen Dienstreisebegriff aufweisen. Alle drei Definitionen bestimmen, dass während der Entsendung bzw. Dienstreise:

- ein Auftrag erfüllt werden muss,
- der auf eine bestimmte Zeit begrenzt sein soll
- und mit einem Ortswechsel verbunden sein muss.

Um den russischen Begriff der Dienstreise auf den Sachverhalt der Entsendung von Deutschland in die RF anzuwenden, müsste die Dienstreise auch für Reisen vom Ausland in die RF gelten. Dies ist nicht der Fall, die Vorschriften der Dienstreise finden nur auf Reisen von Russland in das Ausland Anwendung. Infolgedessen kann festgehalten werden, dass die Dienstreisevorschriften des russischen Rechts auf den zu untersuchenden Sachverhalt keine Anwendung finden.

3. Eigene Definitionen

Da weder im russischen noch im deutschen Recht eine konkrete Definition vorhanden ist, empfiehlt es sich für die weitere Ausarbeitung eine eigene Definition des Entsendungsbegriffes festzulegen, um Abgrenzungsprobleme von vornherein zu vermeiden. Lediglich im Abschnitt des Sozialversicherungsrechtes soll die sozialversicherungsrechtliche Definition gelten.

Die Verfasserin legt für ihre eigene Definition die im vorstehenden Abschnitt erarbeiteten Gemeinsamkeiten zwischen den deutschen Entsendebegriffen und dem russischen Dienstreisebegriff zugrunde (Auftrag, begrenzte Zeit, Ortswechsel). Darüber hinaus soll die europäische Definition berücksichtigt werden, da diese einen viel weiteren Anwendungsbereich eröffnet als der deutsche sozialversicherungsrechtliche Entsendungsbegriff und der Verwendung in der Praxis am nächsten kommt. Zudem gilt der europäische Entsendungsbegriff bereits einheitlich innerhalb der Mitgliedstaaten der EU. Deutschland ist ebenfalls ein Mitglied der

---

[19] *Орловский/Нуртдинова*, S. 340, 344.

EU, aus diesem Grund sollte dieser Begriff auch für Entsendungen aus Deutschland in ein Drittland gelten. Diese Ansicht wird damit begründet, dass bei einer Entsendung von Deutschland in die RF zumeist eine enge Beziehung zum Heimatstaat Deutschland besteht, da der Arbeitnehmer grundsätzlich seinen Wohnsitz in Deutschland behält, in Deutschland den Entsendungsvertrag abschließt u. i.d.R. die deutsche Staatsbürgerschaft besitzt[20].

Dementsprechend wird für die weiteren Ausführungen folgender Entsendungsbegriff festgelegt:

Unter der Entsendung eines Mitarbeiters versteht man die auf einen begrenzten Zeitraum festgelegte Erbringung der Arbeitsleistung in einem anderen Land, als das, indem der Mitarbeiter gewöhnlich tätig ist.

Weiterhin ist es sinnvoll den Begriff des *„Expatriates"* für diese Ausarbeitung klar zu definieren. Dieser ist wie der Entsendungsbegriff dem russischen Recht unbekannt und wird ebenfalls im deutschen Recht unterschiedlich definiert[21]. In dieser Ausarbeitung bezeichnet der *„Expatriate"* einen deutschen Mitarbeiter, der für sein Heimatunternehmen im Ausland tätig wird[22].

II. Unterteilung der Entsendung in Gruppen

1. Zeit

Da die russische Rechtsordnung – wie oben dargestellt – weder den Entsendungsbegriff noch entsprechende Entsendungsmodelle kennt, wird in den Ausführungen zur Untergliederung in Gruppen nach der Zeit von den deutschen Grundsätzen ausgegangen.

In der Praxis bestehen vielfältige Ausprägungen von Auslandseinsätzen. Als wichtigstes Abgrenzungskriterium für die unterschiedlichen Formen hat sich die Dauer des Auslandsaufenthaltes durchgesetzt[23].

Danach ist grundsätzlich in eine kurzfristige (sechs bis zwölf Monate) bzw. langfristige Entsendung (ein bis fünf Jahre) zu unterteilen[24].

Detaillierter wird zwischen der Dienstreise, Abordnung, Delegation sowie einer Versetzung bzw. einem Übertritt als Entsendungsformen

---

[20] *Küttner – Kreitner*, Auslandtätigkeit, Rn. 9.
[21] *Heuser/Heidenreich/Fritz*, Rn. 8.
[22] *Heuser/Heidenreich/Fritz*, Rn. 8.
[23] *Laws/Koziner/Waldenmaier*, S. 108.
[24] *Mütze/Popp*, S. 30 ff.

unterschieden[25]. Es wird darauf hingewiesen, dass die Formen und Bezeichnungen für die Entsendungstypen erheblich variieren.

Eine Dienstreise liegt grundsätzlich vor, wenn der Arbeitnehmer nur kurzfristig (bis zu einem Zeitraum von drei Monaten) ins Ausland reist und das Arbeitsverhältnis in Deutschland unverändert bestehen bleibt[26]. Der Begriff der Dienstreise stammt aus dem Steuerrecht[27]. Der Mitarbeiter behält bei dieser Entsendungsform seinen Lebensmittelpunkt im Inland[28].

Eine sogenannte verlängerte Dienstreise (i.d.R. drei bis zwölf Monate) wird als Abordnung bezeichnet. Hierbei wird der Mitarbeiter zumeist bei einem zeitlich befristeten Projekt im Ausland eingesetzt, z.B. zur Erbringung von Montageleistungen oder Implementierung einer neuen Software[29]. Bei dieser Entsendungsmöglichkeit kann eine enge Bindung an das Stammunternehmen gewährleistet werden, da der Mitarbeiter unmittelbar dem Stammunternehmen unterstellt bleibt und lediglich einen Zusatzvertrag über die Entsendung abschließt[30], der zumeist zusätzliche Vergütungsentgelte regelt[31]. Infolgedessen bleibt der Lebensmittelpunkt des Mitarbeiters weiterhin im Inland.

Beträgt die Dauer des Auslandseinsatzes ein bis drei Jahre, handelt es sich um eine Delegation[32]. Beispiele für eine Delegation könnten der Know-how-Transfer zur ausländischen Tochtergesellschaft oder die Kommunikationsförderung im internationalen Konzern sein. Es ist bei dieser Entsendungsform davon auszugehen, dass sich der Lebensmittelpunkt in den Tätigkeitsstaat verschiebt[33]. Regelmäßig beabsichtigt der Mitarbeiter nach Beendigung des Auslandseinsatzes seine Tätigkeit wieder im Inland aufzunehmen. Dies erfordert spezielle Regelungen, die in einem gesonderten Vertrag aufgenommen werden sollten.

Darüber hinaus kommt eine Versetzung in Betracht, wobei ein befristeter Übergang des Arbeitsverhältnisses auf das ausländische Unternehmen durch einen Zusatzvertrag mit dem inländischen Unternehmen vereinbart

---

25 *Heuser/Heidenreich/Fritz*, Rn. 3 ff.
26 *Balashova/Wedde*, AuA 2008, 82.
27 *Heuser/Heidenreich/Fritz*, Rn. 3 ff.
28 *Heuser/Heidenreich/Fritz*, Rn. 3.
29 *Mauer*, S. 3.
30 *Gnann*, S. 62.
31 *Heuser/Heidenreich/Fritz*, Rn. 4.
32 *Heuser/Heidenreich/Fritz*, Rn. 5.
33 *Laws/Koziner/Waldenmaier*, S. 108.

wird[34]. Dieser Vertrag regelt u.a. das Ruhen des alten Arbeitsverhältnisses sowie die Rückkehr des Mitarbeiters. Zusätzlich schließt der Mitarbeiter mit dem ausländischen Unternehmen einen Anstellungsvertrag.

Beim Übertritt wird hingegen das deutsche Arbeitsverhältnis beendet und der Arbeitnehmer wechselt vollständig in ein unbefristetes russisches Arbeitsverhältnis ohne eventuelle Rückkehrmöglichkeiten zu regeln[35].

Die Formen Versetzung bzw. Übertritt kommen häufig bei der Übernahme langfristiger Führungsaufgaben im ausländischen Unternehmen zur Anwendung[36].

2. Position/Stellung im Unternehmen

Es erscheint zudem sinnvoll, neben der zeitlichen Unterteilung eine weitere Differenzierung vorzunehmen. Dabei wird danach unterschieden, in welcher Eigenschaft der Mitarbeiter ins Ausland entsandt wird, z.B. als Führungskraft, leitender Angestellter oder Arbeitnehmer. Die rechtlichen Regelungen, Vertragsmodelle und -bestandteile unterscheiden sich erheblich je nach Eigenschaft des entsandten Mitarbeiters.

Um eine Grundlage für die spätere Untersuchung zu schaffen, werden im Folgenden die Begriffe *„Arbeitnehmer", „leitender Angestellter"* und *„Führungskraft"* kurz in der russischen und der deutschen Rechtsordnung gegenübergestellt:

a. Arbeitnehmer

aa. Russisches Recht

Art. 20 ArbGB definiert im russischen Recht den Arbeitnehmer als eine natürliche Person, die mit dem Arbeitgeber ein Arbeitsverhältnis eingeht. Nähere Ausführungen zum Entstehen eines Arbeitsverhältnisses und zum Abschluss eines Arbeitsvertrages s. unter Ziff. D. IV. 2. a. und b. der Ausarbeitung.

---

[34] *Mastmann/Stark*, BB 2005, 1850.
[35] *Balashova/Wedde*, AuA 2008, 82; *Laws/Koziner/Waldenmaier*, S. 109.
[36] *Mauer*, S. 3.

bb. Deutsches Recht

Im Unterschied zum russischen Recht geht man im deutschen Recht bei der Anwendung der arbeitsrechtlichen Vorschriften nicht davon aus, ob der Vertrag als Arbeitsvertrag einzuordnen ist, sondern der Mitarbeiter als Arbeitnehmer einzustufen ist[37].

Im deutschen Recht ist der Begriff des Arbeitnehmers gesetzlich nicht einheitlich definiert[38]. In verschiedenen Gesetzen finden sich unterschiedliche Definitionen des Begriffes (z.B. §§ 2 BUrlG, 1 Abs. 2 EntgeltFG, 5 ArbGG).

Dennoch hat sich eine allgemeine Definition des Arbeitnehmerbegriffes herausgebildet: Unter einem Arbeitnehmer versteht man eine Person, die aufgrund eines privatrechtlichen Vertrags zur Leistung von Diensten für einen anderen in persönlicher Abhängigkeit gegen Entgelt verpflichtet ist[39].

Eine persönliche Abhängigkeit wird nach § 106 GewO bejaht, wenn der Arbeitnehmer einer Weisungsbefolgungspflicht unterliegt und er in eine fremde Arbeitsorganisation eingegliedert ist. Ein Arbeitnehmer ist i.d.R. bezüglich des Ortes, der Arbeitszeit sowie der geschuldeten Tätigkeit weisungsgebunden[40]. Für eine persönliche Abhängigkeit sprechen nach h.M. z.B. die Fortzahlung des Entgeltes im Krankheitsfall, umfangreiche Berichtspflichten sowie die Abführung von Lohnsteuer und Sozialversicherungsbeiträgen durch den Arbeitgeber[41].

b. Leitender Angestellter

Das russische Arbeitsrecht kennt weder den Begriff des leitenden Angestellten noch einen anderen Rechtsbegriff, der mit diesem inhaltlich vergleichbar ist. Im russischen Arbeitsgesetzbuch finden sich gem. Art. 273 ff. lediglich besondere Regelungen für den Leiter einer Organisation, welcher jedoch nicht mit dem Begriff des leitenden Angestellten im deutschen Recht übereinstimmt.

---

[37] *ErfK/Preis*, § 611 BGB, Rn. 34; *Preis*, § 8, S. 38 f.
[38] *ErfK/Preis*, § 611 BGB, Rn. 35.
[39] BAG v. 15.03.1978, AP BGB § 611 Abhängigkeit Nr. 26; *ErfK/Preis*, § 611 BGB, Rn. 35.
[40] *ErfK/Preis*, § 611 BGB, Rn. 50 f.
[41] *Dütz*, Rn. 31.

Im deutschen Arbeitsrecht hat der leitende Angestellte eine besondere Stellung inne[42]. Er nimmt im gewissen Umfang typische Arbeitgeberaufgaben wahr[43], wie z.b. die selbständige Einstellung und Entlassung von Mitarbeitern oder das Treffen von weisungsunabhängigen Entscheidungen, die für den Bestand des Unternehmens bedeutsam sind. Eine Definition findet sich im § 5 Abs. 3 und 4 BetrVG. Aufgrund der ihm übertragenen Arbeitgeberaufgaben ist er von bestimmten gesetzlichen Regelungen, die für Arbeitnehmer gelten, ausgenommen (so z.B. § 5 Abs. 3, 4 BetrVG, § 18 Abs. 1 Nr. 1 ArbZG, § 14 Abs. 2 KSchG)[44].

Der leitende Angestellte wurde hier lediglich der Vollständigkeit halber aufgenommen. In der weiteren Untersuchung wird er aus Platzgründen nicht weiter behandelt.

c. Führungskraft – Beispiel GmbH-Geschäftsführer/Generaldirektor einer OOO

Der Begriff Führungskraft ist im deutschen Recht kein Rechtsbegriff. Er wird in der Personalwirtschaft verwendet für einen Mitarbeiter, *„der untergebene Mitarbeiter führt, ein Unternehmen leitet bzw. in einer verantwortungsvollen Position tätig ist"*[45].

In dieser Ausarbeitung wird beispielhaft die Position des GmbH-Geschäftsführers ausgewählt, um die unterschiedlichen Auswirkungen der verschiedenen Eigenschaften der entsandten Mitarbeiter aufzuzeigen. Eine detaillierte Betrachtung der verschiedenen Führungskräfte (Vorstände, Aufsichtsräte usw.) ist im Rahmen dieser Ausarbeitung nicht vorgesehen.

aa. Generaldirektor/GmbH-Geschäftsführer

aaa. Russisches Recht

Der Generaldirektor einer russischen GmbH (OOO = „Obschtschestvo s ogranitschennoj otvetstvennostju") übernimmt die Leitung der Gesellschaft und erfüllt die Funktion des alleinigen Exekutivorgans[46]. Das Föderale Gesetz *„Über die Gesellschaften mit beschränkter Haftung"*

---

[42] *Krause, § 2, Rn. 20.*

[43] *Dütz, Rn. 34.*

[44] *Krause, § 20, Rn. 20.*

[45] *Heuser/Heidenreich/Fritz, Rn. 9.*

[46] *Breidenbach – Solotych, RUS, Kap. D.I, Rn. 82.*

(RGmbHG)[47] sieht gem. Art. 40 die Einzelvertretungsbefugnis des Generaldirektors im Außenverhältnis zwingend vor[48]. Der Generaldirektor gilt somit stets als „starker" Generaldirektor, der gemäß Art. 40 Abs. 3 RGmbHG berechtigt ist, ohne Vollmacht Geschäfte abzuschließen, die Interessen der Gesellschaft zu vertreten und im Namen der Gesellschaft zu handeln. Die Satzung kann den Umfang der Vertretungsmacht des Generaldirektors einschränken. Diese Beschränkung hat gegenüber Dritten jedoch nur dann Wirkung, wenn diese von der Beschränkung Kenntnis hatten[49].

Im Gegensatz zum deutschen Recht ist die Gesamtvertretung der OOO durch mehrere Generaldirektoren im russischen Recht nicht vorgesehen[50]. Dies kann zumindest annähernd durch einen Vorstand erreicht werden, dessen Mitglieder umfangreiche Befugnisse besitzen[51].

bbb. Deutsches Recht

Auch im deutschen Recht bezeichnet der GmbH-Geschäftsführer das Handlungsorgan der Gesellschaft[52].

Der Begriff des Geschäftsführers stammt von dem Begriff der *„Geschäftsführung"*, unter welcher man *„jede auf die Verwirklichung des Gesellschaftszwecks gerichtete Tätigkeit, die nicht die Grundlagen der Gesellschaft betrifft, versteht"*[53]. Demnach sind als typische Geschäftsführungsmaßnahmen u.a. der Abschluss von Rechtsgeschäften zur Förderung des Gesellschaftszweckes, Einstellungen und Entlassungen[54], die Verwaltung des Gesellschaftsvermögens und der Geschäftsräume anzusehen[55]. Geschäftsführungsmaßnahmen können sowohl Innen- als auch Außenwirkung entfalten[56]. Betreffen die Handlungen des Geschäftsführers das Außenverhältnis, stellen sie Vertretungsmaßnahmen dar. Nach § 35 Abs. 1 S. 1 GmbHG wird die Gesellschaft gerichtlich und außergerichtlich durch den Geschäftsführer vertreten. Im Gegensatz zum

---

[47] Föderationsgesetz „Über die Gesellschaften mit beschränkter Haftung" v. 8.02.1998, Nr. 14 FZ.
[48] *Heidemann*, GmbHR 2002, 732.
[49] *Wellmann/Ivanjuk/Schibajew*, IStR 2009, 770.
[50] *Wellmann/Ivanjuk/Schibajew*, IStR, 2009,770.
[51] *Breidenbach – Solotych*, RUS Kap. D.I, Rn. 84.
[52] *Hueck/Windbichler*, § 22, Rn. 4.
[53] *MüKo – HGB – Rawert*, § 114 HGB, Rn. 6.
[54] *Baumbach/Hopt – Hopt*, § 114 HGB, Rn. 2.
[55] *MüKo – HGB – Rawert*, § 114 HGB, Rn. 8.
[56] *Baumbach/Hopt – Hopt*, § 114 HGB, Rn. 2.

russischen Recht gilt im deutschen Recht der Grundsatz der Gesamtgeschäftsführung und -vertretung[57]. Abweichend davon kann durch den Gesellschaftsvertrag der Geschäftsbereich auf mehrere Geschäftsführer verteilt und Einzelgeschäftsführungsbefugnisse festgelegt werden. Außerdem kann gem. § 35 Abs. 2 GmbHG die Satzung Einzelvertretungsbefugnis des Geschäftsführers vorsehen.

Bei der vergleichenden Betrachtung lässt sich somit feststellen, dass der deutsche Geschäftsführer wegen der Möglichkeit der Aufteilung der Geschäftsführung sowie der Regelung der Gesamtgeschäftsführung gegenüber dem russischen Generaldirektor eine schwächere Stellung einnimmt. Abgesehen von diesen Unterschieden, sind die Begriffe GmbH-Geschäftsführer und Generaldirektor als vergleichbar anzusehen.

bb. Arbeitsvertrag – Dienstleistungsvertrag

aaa. Russisches Recht

Im russischen Recht unterliegen nach Art. 11 Abs. 5, 273 ff. ArbGB auch Geschäftsführer und Vorstände dem ArbGB, wenn mit ihnen ein Arbeitsvertrag abgeschlossen wurde. Der Abschluss von Arbeitsverträgen mit diesen Personengruppen entspricht auch regelmäßig der praktischen Handhabung.

Hierzu ist anzumerken, dass die Abgrenzung zwischen zivilrechtlichen Verträgen und Arbeitsverträgen im russischen Recht schwierig ist. Es kommt für die Einordnung maßgeblich auf den Vertragsinhalt an[58]. Um die Abgrenzung zu erleichtern, besteht teilweise die Auffassung, dass geprüft werden muss, ob der Handelnde in ein sogenanntes „Arbeitskollektiv" integriert und somit in die Organisation des Betriebes eingegliedert ist[59]. Zusätzlich können die folgenden Kriterien als Indiz für einen Arbeitsvertrag gelten: Wenn bspw. keine Vergütung unter dem Mindestlohn gezahlt werden darf oder ein Arbeitsbuch geführt wird, eine feste Arbeitszeit festgelegt ist bzw. wenn der Beschäftigte den Weisungen des Auftraggebers Folge leisten muss[60].

Es wird dringend davon abgeraten, die arbeitsrechtlichen Bestimmungen zu umgehen, wenn tatsächlich ein Arbeitsverhältnis vorliegt. Oftmals kommt es in einem solchen Fall bei einem Rechtsstreit dazu, dass ein

---

[57]   *Altmeppen/Roth - Altmeppen*, § 35, V. 1. Rn. 38; § 37, VII. Rn. 33.

[58]   *Henssler/Hegewald*, S. 1172.

[59]   *Henssler/Hegewald*, S. 1172.

[60]   *Henssler/Hegewald*, S. 1173.

Dienstleistungsvertrag in einen Arbeitsvertrag umgedeutet wird. Eine Umdeutung hätte zur Folge, dass die strengen Bestimmungen des russischen Arbeitsrechts Anwendung finden würden[61].

bbb. Deutsches Recht

Der Arbeitsvertrag ist im deutschen Recht ein spezieller Unterfall des Dienstvertrages. Dementsprechend finden grundsätzlich die zivilrechtlichen Regelungen des BGB auf den Arbeitsvertrag Anwendung, sofern sie nicht durch Sonderregelungen des Arbeitsrechts verdrängt werden[62].

Sowohl der Arbeits- als auch der Dienstvertrag sind auf den Austausch von Leistungen gegen Vergütung gerichtet[63].

Es ist festzustellen, dass die Abgrenzungskriterien zwischen Zivil- und Arbeitsvertrag im russischen Recht und die Definition des Arbeitnehmers im deutschen Recht im Wesentlichen übereinstimmen. Demzufolge wird auch im deutschen Recht ein Arbeitsvertrag angenommen, wenn der Arbeitnehmer weisungsgebunden ist und nicht frei über seine Arbeitszeit, seinen Arbeitsort verfügen kann.

Ein gravierender Unterschied zwischen dem deutschen und dem russischen Recht besteht in der Einordnung des Geschäftsführers als Arbeitnehmer. Im russischen Recht gilt gem. Art. 11 Abs. 5, 273 ff. ArbGB der Geschäftsführer als Arbeitnehmer, wenn er einen Arbeitsvertrag abgeschlossen hat.

Im Gegensatz dazu ist der BGH der Ansicht, dass das Anstellungsverhältnis des deutschen GmbH-Geschäftsführers ein freies Dienstverhältnis darstellt[64], da die „Organstellung" des Geschäftsführers mit der Arbeitnehmereigenschaft unvereinbar ist[65]. Der BGH argumentiert in seiner Entscheidung, damit, dass der Geschäftsführer durch seine Organstellung verpflichtet ist, für das rechtmäßige und ordnungsgemäße Verhalten der Gesellschaft nach außen die Verantwortung zu übernehmen und nach Innen eine gewisse Arbeitgeberfunktion wahrnimmt[66]. Auch die h.M. der Literatur geht davon aus, dass es sich bei einem Geschäftsführer als Organ nicht um einen Arbeitnehmer handeln kann, da es ihm nicht nur an

---

[61] Henssler/Hegewald, S. 1173.
[62] ErfK/Preis, § 611 BGB, Rn. 3.
[63] ErfK/Preis, § 611 BGB, Rn. 3.
[64] Müller/Winkeljohann – Axhausen, § 5 Rn. 25 m.w.N.
[65] BGH v. 09.11.1967, BGHZ 49, 30 ff.; BGH, NJW 1981, 1270; ErfK/Preis, § 611 BGB, Rn. 137.
[66] Schrader/Schubert, BB 2007, 1617, 1618.

der persönlichen Abhängigkeit fehlt, sondern er vielmehr die juristische Person als Arbeitgeber repräsentiert[67].

Nach der deutschen Rechtsprechung des BAG ist ein Geschäftsführer nur dann als Arbeitnehmer einzustufen, wenn er von der GmbH persönlich abhängig ist[68]. Dies ist anzunehmen, wenn der Geschäftsführer in den Betrieb der GmbH eingegliedert ist und den Weisungen der Gesellschaft Folge zu leisten hat[69]. Keine persönliche Abhängigkeit des Geschäftsführers besteht, wenn er gleichzeitig Gesellschafter der GmbH ist, über die mehrheitlichen Geschäftsanteile verfügt und somit Einfluss auf die Entscheidungen der Gesellschafterversammlung nehmen kann[70].

Selbst für den Fall, dass der Geschäftsführer keine oder nur geringe Anteile an der GmbH hält, ist er nur dann Arbeitnehmer, wenn er nicht eigenverantwortlich über Ort und Zeit seiner Tätigkeit entscheiden kann.

Zusammenfassend ist festzustellen, dass obwohl das BAG eine andere Auffassung als der BGH vertritt, das BAG nur in engen Ausnahmefällen eine Arbeitnehmerstellung eines GmbH-Geschäftsführers bejaht[71].

Demnach wird im Gegensatz zum russischen Recht ein Geschäftsführer einer GmbH oftmals in der deutschen Praxis als Dienstverpflichteter eingestuft. Diese unterschiedliche Einordnung kann zu wesentlichen Unterschieden und Problemen führen, welche in der weiteren Betrachtung aufgezeigt werden.

---

[67] *ErfK/Preis*, § 611 BGB, Rn. 137 m.w.N.; *Schrader/Schubert*, BB 2007, 1617, 1618.
[68] *BAG v. 15.04.1982*, ZIP 1983, 607; *BAG*, DB 1999, 1906.
[69] *BAG v. 06.05.1998*, AP BGB § 611 Abhängigkeit Nr. 95.
[70] *BAG v. 06.05.1998*, AP BGB § 611 Abhängigkeit Nr. 95.
[71] *BAG v. 26.05.1999*, DB 1999, 1906.

C. Voraussetzungen für eine Entsendung in die RF

Die Beschäftigung von ausländischen Mitarbeitern in der RF gestaltet sich sehr komplex und stellt sowohl das entsendende- als auch das Einsatzunternehmen sowie den Mitarbeiter häufig vor schwierige Fragen und Probleme.

Um eventuelle Fallstricke bereits frühzeitig zu erkennen, sollen im Folgenden die wesentlichen Voraussetzungen für eine Entsendung dargestellt werden.

Zunächst werden dabei die ausländer- und migrationsrechtlichen Vorschriften untersucht. Im Anschluss wird die Vertragsgrundlage der Entsendung näher analysiert. Weiterhin wird die Problematik der Zahlung der Sozialabgaben besprochen und abschließend kurz die Abführung der Lohnsteuer behandelt.

I. Einhaltung der ausländer- und migrationsrechtlichen Bestimmungen

1. Aufenthaltsbestimmungen in der RF

Zunächst wird darauf hingewiesen, dass Normen, die den Aufenthalt oder bestimmte zwingende Regelungen für die Arbeitsaufnahme im Ausland enthalten, nicht dem Arbeitsvertragsstatut unterliegen[72]. Diese Bestimmungen stellen zwingende öffentliche Normen des russischen Rechts dar und können nicht durch Rechtswahl der Parteien abbedungen werden[73]. Daraus folgt, dass grundsätzlich jeder ausländische Mitarbeiter die folgenden Regelungen des Ausländer-, Migrations- und Aufenthaltsrechtes einhalten muss.

Die geltende Gesetzgebung der Russischen Föderation beinhaltet auch den Status von ausländischen Staatsbürgern sowie deren Rechte und Pflichten im Zusammenhang mit deren Arbeitstätigkeit. Die gesetzliche Grundlage bildet dabei u.a. das sogenannte Ausländergesetz[74]. Dieses Gesetz unterteilt den Status ausländischer Bürger in den zeitweiligen Aufenthalt, den zeitweiligen Wohnsitz und den ständigen Wohnsitz in der RF. Je nachdem, wie lange und zu welchem Zweck ein Auslandseinsatz im russischen Unternehmen geplant ist, kann eine der drei Aufenthaltsformen sinnvoll sein.

---

[72] *Mauer*, Rn. 297.
[73] *Mauer*, Rn. 297.
[74] Gesetz „Über die Rechtsstellung ausländischer Bürger in der Russischen Föderation, Nr. 115-FZ v. 25. Juli 2002.

a. Zeitweiliger Aufenthalt

Der zeitweilige Aufenthalt wird auf Grundlage eines Visums gewährt, welches für einen bestimmten Zeitraum ausgestellt wird[75]. Nach dem Ablauf des Visums ist der ausländische Bürger verpflichtet auszureisen[76]. Für die Ausstellung eines Visums ist eine Einladung in die RF durch eine russische juristische Person oder einen russischen Staatsbürger erforderlich[77] (weitere Informationen zur Einladung s. unter Ziff. C. I. 2. Nr. 4). Die unterschiedlichen Arten und Kategorien von Visa sind abhängig vom Reisezweck und der Dauer des gewünschten Aufenthaltes[78]. Die gesetzlichen Visabestimmungen sind im Gesetz *„Über das Verfahren der Ausreise aus der Russischen Föderation und Einreise in die Russische Föderation"* und der Verordnung Nr. 335 geregelt. Zunächst wird nach der Zahl der gewährten Einreisen in das einfache Visum, das Visum zur zweimaligen Einreise und in das Mehrfachvisum gegliedert und in die folgenden Visakategorien unterteilt[79]:

- Diplomatisches Visum,

- Dienstvisum (z.B. für Mitglieder ausländischer Delegationen),

- Transitvisum,

- Visum für Personen mit zeitweiligem Wohnsitz,

- und reguläres Visum[80].

Für Auslandsentsendungen kommen grundsätzlich zwei Visaformen der Kategorie des regulären Visums in Betracht und zwar das Geschäftsvisum und das Arbeitsvisum. Das Geschäftsvisum gewährt eine Aufenthaltsdauer von bis zu drei Monaten (bei ein- oder zweimaliger Einreise) bzw. bis zu einem Jahr (bei Beantragung eines Mehrfachvisums) mit dem Zweck einer Geschäftsreise[81]. Dabei ist zu beachten, dass die ununterbrochene Aufenthaltsdauer beim Jahresvisum nicht 180 Tage überschreiten darf[82]. Es wird darauf hingewiesen, dass eine Arbeitstätigkeit auf

---

[75]   *Safronova/Zentner*, WiRO 2003, 97; *Sarodnick*, S. 173.
[76]   *Safronova/Zentner*, WiRO 2003, 97.
[77]   *Sarodnick*, S. 173.
[78]   *Safronova*, WiRO 2003, 272, 273.
[79]   *Safronova*, WiRO 2003, 272, 273.
[80]   Deutsch-Russische AHK, Arbeitsgenehmigung für ausländische Mitarbeiter, unter: http://russland.ahk.de.
[81]   *Safronova*, WiRO 2003, 272, 273.
[82]   Abkommen zwischen der Europäischen Gemeinschaft und der RF über die Erleichterung der Ausstellung von Visa für Bürger der EU und für Staatsangehörige der RF, Art. 1, Amtsblatt der EU, L 129/27.

Grundlage eines Geschäftsvisums grundsätzlich verboten ist. Lediglich für technische Wartungsarbeiten (wie Montagearbeiten, Service- und Garantieleistungen, Reparaturen nach Ablauf der Garantiefrist) ist die Einreise aufgrund eines Geschäftsvisums erlaubt[83]. Dennoch wird in der Praxis oftmals für den Zweck der Tätigkeitsausübung ein Geschäftsvisum beantragt. Vor dieser Variante ist zu warnen, da bei behördlichen Kontrollen hohe Strafen drohen.

Die zweite für eine Auslandstätigkeit offizielle Form stellt die Beantragung eines Arbeitsvisums dar, welches für den Zweck der Arbeitsaufnahme gewährt wird und zunächst für eine Dauer von drei Monaten ausgestellt wird, allerdings bis zu einem Jahr verlängert werden kann[84].

b. Zeitweiliger Wohnsitz

Neben dem zeitweiligen Aufenthalt beinhaltet das Ausländergesetz zudem den Status des zeitweiligen Wohnsitzes. Nach Art. 6 Ausländergesetz erlangt man das Recht zum zeitweiligen Wohnsitz über die Erlaubnis zum zeitweiligen Wohnsitz, welche für einen Zeitraum von drei Jahren erteilt wird. Für die Beantragung dieser Erlaubnis müssen unzählige persönliche Unterlagen des ausländischen Bürgers eingereicht werden.

Der Vorteil des zeitweiligen Wohnsitzes besteht darin, dass der ausländische Bürger keine Arbeitserlaubnis benötigt, wenn er in derselben Region der RF tätig ist, für welche die Erlaubnis zum zeitweiligen Wohnsitz erteilt wurde. Nachteile ergeben sich u.a. dadurch, dass eine Verlängerung der Erlaubnis zum zeitweiligen Wohnsitz nicht möglich ist, eine Wohnsitzverlegung innerhalb der RF der Zustimmung bedarf sowie dass der ausländische Bürger verpflichtet ist, seine Fingerabdrücke speichern zu lassen[85].

d. Ständiger Wohnsitz

Voraussetzung für das Recht zum ständigen Wohnsitz ist die Erteilung einer Wohnerlaubnis, welche eine Geltungsdauer von fünf Jahren hat und beliebig oft verlängert werden kann[86].

Die Wohnerlaubnis setzt wiederum das Bestehen des zeitweiligen Wohnsitzes von mindestens einem Jahr voraus[87]. Die Verfahrensregelungen

---

[83]   Deutsch-Russische AHK, Arbeitsgenehmigung für ausländische Mitarbeiter, unter: http://russland.ahk.de.

[84]   *Safronova*, WiRO 2003, 272, 273.

[85]   *Safronova/Zentner*, WiRO 2003, 97, 98.

[86]   *Safronova/Zentner*, WiRO 2003, 97, 98.

[87]   *Safronova/Zentner*, WiRO 2003, 97, 98.

und Dokumente zur Erlangung einer solchen Wohnerlaubnis sind in der Verordnung Nr. 794 vom 01.11.2002 festgelegt.

Das Recht zum ständigen Wohnsitz erlaubt dem ausländischen Bürger auf dem gesamten Territorium der RF ohne das Vorliegen eines Visums und einer Arbeitserlaubnis tätig zu werden und sich aufzuhalten[88]. Zudem gewährt dieser Status die Möglichkeit, selbst Einladungen für die Einreise ausländischer Bürger in die RF zu beantragen[89].

2. Verfahren zur Einstellung ausländischer Mitarbeiter

Bevor ein Ausländer in Russland tätig werden kann, ist das Vorliegen einer Arbeits- und Aufenthaltserlaubnis erforderlich[90]. Eine Erwerbstätigkeit liegt vor, wenn ein Ausländer eine Beschäftigung auf dem Gebiet der RF auf Grund eines Arbeitsvertrages oder eines Dienstvertrages ausübt[91]. Der Arbeitgeber ist verpflichtet, diese Genehmigungen für den Arbeitnehmer zu besorgen[92]. Der Erhalt einer solchen Erlaubnis ist sehr aufwendig und unterliegt vielen Formvorschriften.

Um ausländische Mitarbeiter bei einer russischen Gesellschaft legal zu beschäftigen, sind folgende Verfahrenschritte einzuhalten und Genehmigungen einzuholen:

1) Um eine Arbeitsgenehmigung zu erhalten, muss jedes russische Unternehmen eine Ausländerquote für die Einstellung einer bestimmten Anzahl von ausländischen Mitarbeitern beantragen.[93] Dazu wird bei der Migrationsbehörde (FMS) ein schriftlicher Antrag gestellt, welcher die Anzahl der ausländischen Mitarbeiter, das Herkunftsland und die Positionen der Mitarbeiter beinhaltet. Zu beachten ist dabei, dass der Antrag ein Jahr im Voraus, spätestens bis zum 1. Mai für das kommende Jahr, gestellt werden muss[94]. Die Bearbeitungsdauer beträgt ca. einen Monat.

2) Im zweiten Schritt benötigt der Arbeitgeber ein Gutachten der Arbeitsbeschaffungsstelle über die Zweckmäßigkeit der Heranzie-

---

88   *Safronova/Zentner*, WiRO 2003, 97, 98.
89   *Safronova/Zentner*, WiRO 2003, 97, 98.
90   *Fritz*, Personalwirtschaft 2004, 32.
91   Deutsch-Russische AHK, Arbeitsgenehmigung für ausländische Mitarbeiter, unter: http://russland.ahk.de.
92   Gesetz „Über die Rechtslage ausländischer Staatsbürger in der RF" Nr. 115-F3 v. 25.07.2002.
93   *Safronova,/Zentner*, WiRO 2003, 97, 99.
94   Deutsch-Russische AHK, Arbeitsgenehmigung für ausländische Mitarbeiter, unter: http://russland.ahk.de.

hung der ausländischen Arbeitskraft, welches durch den Migrationsdienst (FMS) beantragt wird[95]. Dieses Gutachten dient als Grundlage für die Ausstellung der Arbeitsgenehmigung.

3) Der folgende Schritt beinhaltet die Beantragung der Arbeitsgenehmigung für die Heranziehung ausländischer Arbeitskräfte durch den Arbeitgeber und nach Erhalt dieser, die Beantragung der persönlichen Arbeitserlaubnis für jeden einzelnen Mitarbeiter[96]. Die Arbeitsgenehmigung (in Form einer Urkunde) berechtigt das Unternehmen, ausländische Staatsbürger einzustellen[97]. Demgegenüber berechtigt die Arbeitserlaubnis (in Form einer Plastikkarte) den ausländischen Bürger, in Russland tätig zu werden[98]. Wichtig in diesem Zusammenhang ist, dass die Arbeitserlaubnis für die Frist der Arbeitsgenehmigung für den konkreten Arbeitgeber erteilt wird und nicht übertragbar ist. Die Verfahrensschritte zwei und drei können innerhalb eines Zeitraumes von ca. drei bis vier Monaten abgewickelt werden.

Um den Aufwand allein für diesen Verfahrensschritt zu verdeutlichen, wurden die einzureichenden Unterlagen aufgelistet[99]:

Unterlagen des Unternehmens:

- drei notariell beglaubigte Kopien der Bescheinigung über den Eintrag in das staatliche Register der juristischen Personen,

- drei notariell beglaubigte Kopien der Bescheinigung über die Anmeldung bei der Steuerbehörde,

- Zahlungsanweisung für die Verwaltungsgebühren zur Erteilung der Arbeitsgenehmigung und der Arbeitserlaubnis.

Angaben über den Mitarbeiter:

- Passkopie und notariell beglaubigte Übersetzung, Kopie des Visums und der Migrationskarte,

- Kopie der Ausbildungsnachweise (z.B. Diplom) und notariell beglaubigte Übersetzung,

---

95   *Fritz*, Personalwirtschaft 2004, S. 32.

96   Deutsch-Russische AHK, Arbeitsgenehmigung für ausländische Mitarbeiter, unter: http://russland.ahk.de.

97   *Safronova/Zentner*, WiRO 2003, 97, 98.

98   *Safronova/Zentner*, WiRO 2003, 97, 98.

99   Deutsch-Russische AHK, Arbeitsgenehmigung für ausländische Mitarbeiter, unter: http://russland.ahk.de.

- Kopie des Arbeitsvertrages unter Angabe der Vergütung,

- Negativzeugnis des AIDS-Tests,

- Medizinischer Nachweis über die negativen Test-Ergebnisse bezüglich folgender Erkrankungen: Narkomanie, Lepra, Tuberkulose, Syphilis, Chlamydia, Schankroid.

4) Im nächsten Schritt erfolgt die Registrierung des russischen Arbeitgebers bei der Pass- und Visastelle des Föderalen Migrationsdienstes und die Beantragung einer förmlichen Einladung für den ausländischen Arbeitnehmer[100]. Eine solche Einladung kann in Deutschland, aufgrund eines Abkommens mit der russischen Föderation, ebenfalls durch die IHK beschafft werden[101;] sie muss die folgenden Angaben beinhalten:

- Angaben des Arbeitnehmers: Vollständiger Name, Staatsangehörigkeit, Geschlecht, Geburtsdatum, Passnummer, Zeitraum der Reise und Anzahl der Einreisen, zwingend als Grund der Reise ist *„Arbeitsaufnahme"* aufzunehmen,

- Angaben der IHK: Bezeichnung und Anschrift des Unternehmens, vollständiger Name und Funktion des Unterzeichnenden, Stempel, Steuernummer der IHK.

5) Des Weiteren ist die Einzahlung eines Betrages durch den Arbeitgeber auf ein Konto der Innenbehörde notwendig, für den Fall, dass der ausländische Arbeitnehmer Russland verlassen muss[102].

6) Liegen die vorstehend beschriebenen Unterlagen/Voraussetzungen vor, kann für den Arbeitnehmer beim örtlich zuständigen russischen Konsulat bzw. der Konsularabteilung der russischen Botschaft in Deutschland ein einfaches Arbeitsvisum[103] beantragt werden. Dafür müssen ein vollständig ausgefüllter Visumantrag mit biometrischem Passbild, der Reisepass im Original, ein Auslandskrankenversicherungsnachweis sowie die Einladung des Migrationsdienstes bzw. der IHK im Original vorgelegt werden[104].

---

[100]   *Fritz*, Personalwirtschaft 2004, S. 32; *Safronova/Zentner*, WiRO 2003, 97, 98.

[101]   Abkommen zwischen der Regierung der RF und der Regierung der BRD über die Erleichterung des Reiseverkehrs von Staatsangehörigen der BRD und Staatsangehörigen der RF, Art. 7 ff. v. 10.12.2003.

[102]   *Fritz*, Personalwirtschaft 04, 32; *Breidenbach – Albertini v.*, RUS, Kap. D.X, Rn. 155.

[103]   Föderales Gesetz „Über das Ein- und Ausreiseverfahren in die/aus der RF" Nr. 114-FG v. 15.08.1996.

[104]   *Sarodnick*, S. 173.

7) Ein einfaches Arbeitsvisum berechtigt den ausländischen Staatsbürger zur einmaligen Einreise nach Russland und Ausreise aus
Russland sowie zur Beantragung eines Mehrfach-Arbeitsvisums mit
einer Laufzeit von bis zu einem Jahr. Erhält der Arbeitnehmer das
einfache Arbeitsvisum, so ist dieses bei der zentralen Migrationsbehörde der Russischen Föderation in ein mehrmaliges Arbeitsvisum umzuwandeln[105].

8) Nach der Einreise ist der Arbeitnehmer verpflichtet, sich innerhalb
von drei Arbeitstagen beim zuständigen Migrationsdienst am Ort
des Aufenthaltes registrieren zu lassen[106].

9) Schließlich hat der Arbeitgeber bei Einreise des Arbeitnehmers die
Steuerbehörde innerhalb von zehn Tagen und die Migrationsbehörde innerhalb von drei Tagen von der Beschäftigung des Arbeitnehmers in seinem Unternehmen zu unterrichten[107].

Bei der Bestellung eines ausländischen Generaldirektors – was in der Praxis häufig vorkommt – ist zu beachten, dass eine Arbeitserlaubnis für diesen erst nach Gründung der Gesellschaft beantragt werden kann, sodass
in der Zwischenzeit ein anderer Generaldirektor bestellt werden muss[108].

3. Konsequenzen und praktische Probleme

Aus den soeben dargestellten strengen Aufenthaltsvorschriften und Ge-
nehmigungserfordernissen für die Aufnahme einer Tätigkeit in Russland
lässt sich schlussfolgern, dass diese Bestimmungen eine wirtschafts-
hemmende Wirkung entfalten. Viele potentielle Investoren werden durch
die strengen russischen Regelungen abgeschreckt und nehmen Abstand
vom russischen Markt. Gerade bei der Entsendung von Mitarbeitern führen die umfassenden Ausländerrechtsregelungen zu einem gewaltigen,
unüberblickbaren Verwaltungsaufwand im Einsatzunternehmen.

Zudem ist der legale Einsatz eines Mitarbeiters lediglich bei Vorliegen
einer Arbeitserlaubnis möglich. Das Verfahren bis zum Erhalt der Arbeitserlaubnis kann ca. drei bis vier Monate dauern. Sofern diese nicht recht-
zeitig vorliegt, kann es zur Verzögerung von Projekten kommen.

---

[105] *Safronova*, WiRO 2003, 272 f.
[106] Gesetz „Über die Erfassung von ausländischen Staatsbürgern und Staatenlo-
sen in der RF"
Nr. 109-FZ v. 18.07.2006; *Safronova/Zentner*, WiRO 2003, 97, 98.
[107] *Breidenbach – Albertini v.*,RUS, Kap. D.X, Rn. 157.
[108] *Sarodnick*, S. 137; *Wellmann/Ivanjuk/Schibajew*, IStR, 2009, 769 f.

Probleme ergeben sich nicht nur durch die langen Fristen bei der Beantragung und durch die vielfältigen Verfahrensschritte, sondern auch durch
die jeweils zu verlängernden Visa und Arbeitserlaubnisse, da diese grundsätzlich nur für die Dauer von einem Jahr ausgestellt werden. Nicht selten
kommt es in der Praxis dazu, dass Mitarbeiter aufgrund von nicht recht-
zeitig beantragten Verlängerungen von Arbeitsvisa ausreisen müssen.

Problematisch gestaltet sich seit kurzem der für die Arbeitserlaubnis erforderliche medizinische Test bezüglich der o.g. Krankheiten. Derzeit
wird von der RF gefordert, dass die entsprechenden Negativatteste bei
einem Arzt im Gebiet des Tätigkeitsortes in Russland erfolgen müssen.
Da der russische medizinische Standard nicht dem deutschen Standard
entspricht, kann dies eine unangenehme Erfahrung darstellen.

Als weitere Hürde ist die erforderliche Registrierung bei jeder Einreise in
die RF innerhalb von drei Tagen beim Migrationsdienst am Ort des Aufenthaltes anzusehen. Der ausländische Mitarbeiter muss sich nicht nur
registrieren lassen, er hat die Registrierung mitzuführen und bei Verlassen der RF bei der Migrationsbehörde abzugeben. Demzufolge ist bei
kurzfristigen Aufenthalten oder mehrmaliger Einreise ein enormer Aufwand notwendig.

Diese knappe Darstellung der Probleme zeigt bereits deutlich, dass die
Aufenthalts- und Ausländervorschriften sowohl den Mitarbeiter als auch
das Einsatzunternehmen stark einschränken. In der Praxis führen die
scharfen Regelungen oftmals dazu, dass die Unternehmen die Bestimmungen nicht einhalten.

4. Aktuelle Änderungen für hochqualifizierte Mitarbeiter

Das Parlament hat am 12. Mai 2010 das Gesetz Nr. 115 „Über die Rechtslage der ausländischen Staatsangehörigen in der Russischen Föderation" geändert, um hochqualifizierten ausländischen Spezialisten eine erleichterte
Einreise und Tätigkeit in der RF zu ermöglichen. Das Gesetz trat am
01. Juli 2010 in Kraft. Die RF verspricht sich von diesen Erleichterungen,
den Standort Russland für neue Investoren, insbesondere im High-Tech-
Bereich, attraktiv zu machen[109].

Außerdem sind die russischen Unternehmen bestrebt, verstärkt westliche
Technologien und Know-how zu nutzen.

Das neue Gesetz definiert den Begriff der *„hochqualifizierten Fachkraft"*
nach der Höhe des Gehaltes. Diese Abgrenzung wurde gewählt, um alle

---

[109]   *Kozlov*, S. 12.

subjektiven Bewertungsmaßstäbe auszuschließen[110]. Als Hauptkriterium wurde ein Gehalt von mindestens 2 Mio. Rubel (ca. 53.450 EUR) pro Jahr festgelegt.

Zudem wurde für hochqualifizierte Fachkräfte die Laufzeit der Arbeitsgenehmigung und des Arbeitsvisums von einem Jahr auf drei Jahre verlängert[111]. Außerdem kann nach den Gesetzesänderungen die Arbeitsgenehmigung bei hochqualifizierten Mitarbeitern auch für mehrere Regionen der RF ausgestellt werden[112].

Auch für den Arbeitgeber, der beabsichtigt eine hochqualifizierte Fachkraft einzustellen, wurden Erleichterungen eingeführt. So wurden die Bearbeitungsfrist für Anträge auf den Erhalt der Arbeitsgenehmigung von einem Monat auf 14 Tage verkürzt, die Quotenregelung zur Einreise und für Arbeitsgenehmigungen abgeschafft, die Genehmigungen zur Einstellung ausländischer Arbeitskräfte entfallen[113] sowie die Migrationserfassung innerhalb von drei Tagen bei der Ein- und Ausreise abgeschafft.

Der Arbeitgeber hat jedoch den Migrationsdienst jedes Quartal über das Bestehen des Arbeitsvertrages und die Auszahlung des Gehaltes an den Mitarbeiter zu informieren.

Diese lang umstrittene Gesetzesänderung zielt in die richtige Richtung. Es wurde von der russischen Regierung erkannt, dass Russland auf Fach- und Führungskräfte aus dem Ausland angewiesen ist. Den führenden Politikern ist bewusst geworden, dass die strengen Ausländer- und Migrationsrechtsvorschriften ein Hindernis für die Wahl Russlands als Investitionsstandort darstellen[114]. Um Russland als Arbeitsmarkt für Spezialisten attraktiv zu machen und neue Investoren anzulocken, war dieser Schritt längst überfällig. Gespannt bleibt abzuwarten, ob diese umfassenden Änderungen eine Reform im Migrationsrecht nach sich ziehen, welche auch für einfache ausländische Arbeitskräfte ein vereinfachtes Verfahren für die Aufnahme der Tätigkeit in Russland vorsehen. Die russische Regierung befürwortete auf dem EU-Russland Gipfeltreffen grundsätzlich

---

[110] Deutsch-Russische AHK, Änderungen in der Migrationspolitik Russlands hinsichtlich hochqualifizierter Arbeitskräfte; unter: http://russland.ahk.de.

[111] *Kozlov*, S. 12; Deutsch-Russische AHK, Änderungen in der Migrationspolitik Russlands hinsichtlich hochqualifizierter Arbeitskräfte; unter: http://russland.ahk.de.

[112] *Kozlov*, S. 12.

[113] Deutsch-Russische AHK, Arbeitsgenehmigung für ausländische Fachkräfte, unter: http://russland.ahk.de/recht/spezialisten/.

[114] *Kozlov*, S. 12.

Visa-Erleichterungen für Europäer[115] einzuführen. Demgegenüber ist Brüssel der Auffassung, dass zunächst bestimmte Anforderungen geschaffen werden müssen, z.b. Einführung von sicheren Pässen, durch biometrische Daten und verbesserte Grenzkontrollen, bevor Lockerungen stattfinden dürfen.

II. Wirksame vertragliche Grundlage

Um den Einsatz eines deutschen Mitarbeiters im russischen Unternehmen wirksam gestalten zu können, ist eine vertragliche Grundlage erforderlich. In welcher Form, mit welchem Inhalt und nach welchem Modell diese erfolgen kann, wird gesondert in den Kapiteln D und E dargestellt.

III. Zahlung der Sozialabgaben

Im Zusammenhang mit einer Entsendung von Mitarbeitern ins Ausland müssen auch die Folgen der sozialversicherungsrechtlichen Absicherung bedacht werden. Hierbei ist oft unklar, welche Rechtsgrundlagen bei einem grenzüberschreitenden Einsatz Anwendung finden. Eine Fehlentscheidung kann für den betroffenen Mitarbeiter erhebliche Konsequenzen nach sich ziehen, da bspw. bei zu Unrecht abgeführten Beiträgen diese zwar erstattet werden, jedoch die Zahlung der angefallenen Leistungen verweigert wird[116].

1. Sozialversicherung im deutschen Recht

Ob ein Mitarbeiter der Sozialversicherungspflicht unterliegt, richtet sich grundsätzlich nach dem sogenannten Territorialitätsprinzip[117]. Danach ist ein Arbeitnehmer in dem Land sozialversichert, in dem er seine Beschäftigung ausübt[118]. Demzufolge unterliegt ein Arbeitnehmer der deutschen Sozialversicherung, wenn er auf deutschem Hoheitsgebiet beschäftigt wird. Dieser Grundsatz gilt ebenfalls, wenn der Arbeitnehmer im Ausland beschäftigt wird. In diesem Falle gelten die sozialversicherungsrechtlichen Vorschriften des Beschäftigungslandes[119].

Von diesem allgemeinen Grundsatz regelt § 4 Abs. 1 SGB IV eine Ausnahme, wonach die nationalen Sozialversicherungsvorschriften auch für

---

[115] *Twickel*, v., S. 2
[116] *Laws/Koziner/Waldenmaier*, S. 149.
[117] *Heuser/Heidenreich/Fritz*, Rn. 320; *Laws/Koziner/Waldenmaier*, S. 149; *Werthebach*, NZA 2006, 247.
[118] *Heuser/Heidenreich/Fritz*, Rn. 320.
[119] *Mastmann/Stark*, BB 2005, 1849, 1853.

Arbeitnehmer gelten, die im Rahmen eines inländischen Beschäftigungs-verhältnisses vorübergehend – also für einen befristeten Zeitraum – in einen anderen Staat entsandt werden. Diese Ausstrahlung findet jedoch nur Anwendung, sofern gem. § 6 SGB IV keine internationalen Abkommen über die soziale Absicherung zwischen den Staaten bestehen.

Die Spitzenverbände der Sozialversicherungen sowie die Bundesagentur für Arbeit haben mit Datum vom 23.04.2007 Richtlinien zur versiche-rungsrechtlichen Beurteilung von Arbeitnehmern u.a. zur Problematik bei der Ausstrahlung nach § 4 SGB IV herausgegeben, woraus sich die Vo-raussetzungen für die Anwendung der Ausstrahlungsregelung ergeben.

Dementsprechend kommt die Ausstrahlungsregel zur Anwendung, wenn eine Entsendung außerhalb des Geltungsbereichs des Sozialgesetzbuches vorliegt, die Tätigkeit während eines in Deutschland bestehenden Be-schäftigungsverhältnisses ausgeübt wird und die Auslandstätigkeit im Vo-raus zeitlich befristet oder durch die Eigenart der Beschäftigung selbst zeitlich begrenzt ist[120].

Der sozialrechtliche Begriff der Entsendung liegt vor, wenn sich der Arbeitnehmer auf Weisung des Arbeitgebers in das Ausland begibt, um dort für den Arbeitgeber tätig zu werden[121].

Die zweite Voraussetzung erfordert, dass der Arbeitnehmer weiterhin or-ganisatorisch in den Betrieb des entsendenden Stammhauses eingeglie-dert sein muss[122] und wesentliche Elemente eines Beschäftigungsverhält-nisses erfüllt werden müssen[123]. Dies wird angenommen, sofern der Arbeitnehmer auch während der Auslandstätigkeit den Weisungen des Arbeitgebers hinsichtlich Zeit, Ort und Art und Weise der Tätigkeit unter-steht[124]. Weiterhin spricht für eine Eingliederung in den Betrieb bei Kon-zernbetrieben, wenn der Arbeitnehmer sein Entgelt weiterhin vom inlän-dischen Arbeitgeber bezieht[125]. Das BSG stellt bei der Frage nach der Ein-gliederung in den Betrieb auf den Schwerpunkt des Beschäftigungsver-

---

[120] Richtlinie der Spitzenverbände vom 23.04.2007, Nr. 3, unter: http://www.deutsche-rentenversicherung.de.
[121] Richtlinie der Spitzenverbände vom 23.04.2007, Nr. 3.1,unter: http://www.deutsche-rentenversicherung.de.
[122] *Mastmann/Stark*, BB 2005, 1849, 1854.
[123] *Voelzke/Schegel* – Bieresborn, jurisPR-SozR 16/2007, S. 3.
[124] BSG, SozR 3-4100 § 141b AFG Nr. 9; Richtlinie der Spitzenverbände vom 23.04.2007, Nr. 3.3, unter: http://www.deutsche-rentenversicherung.de.
[125] BSG, NZA 1997, 677 f.; *BSG* v. 05.12.2006 – B11a AL 3/06 R; *Wel-lisch/Näth/Thiele*, IStR 2003, 746, 747 f.

hältnisses ab[126]. Dieser bestimmt sich nicht danach, mit wem formell der Arbeitsvertrag geschlossen wurde[127], sondern danach, in welchem Unternehmen der Arbeitnehmer tatsächlich eingegliedert ist[128]. Infolgedessen reicht für die Erfüllung dieser Voraussetzung das Bestehen eines lediglich ruhenden Vertrages mit dem inländischen Unternehmen nicht aus[129].

Im Zweifel wendet das BSG die Vermutungsregel an, dass eine Eingliederung im ausländischen Unternehmen angenommen wird, wenn es sich wirtschaftlich und rechtlich als eigene juristische Person verselbständigt hat[130].

Liegt auch eine Eingliederung in die Organisation des inländischen Unternehmens vor, bedarf es schließlich der zeitlichen Befristung im Voraus des Auslandseinsatzes. Eine Höchstdauer der Entsendung ist hierbei nicht vorgesehen[131]. Zur Anwendung der Ausstrahlungsregelung muss nach Beendigung des Auslandseinsatzes eine Weiterbeschäftigung beim inländischen Arbeitgeber gewährleistet sein[132].

Sind alle drei Voraussetzungen erfüllt, findet § 4 SGB IV Anwendung und die deutschen Sozialversicherungsregelungen – wie die Versicherungs- und Beitragspflicht – werden auch auf den in das Ausland entsandten Arbeitnehmer erstreckt.

2. Geschäftsführer im deutschen Sozialversicherungsrecht

Da in dieser Ausarbeitung u.a. die unterschiedlichen Auswirkungen einer Entsendung eines Arbeitnehmers und eines GmbH-Geschäftsführers herausgearbeitet werden sollen, wird im Folgenden auf den GmbH-Geschäftsführer im Sozialversicherungsrecht eingegangen.

Bisher bestehen keine gesetzlichen Vorschriften darüber, welche Position der GmbH-Geschäftsführer im Sozialversicherungsrecht einnimmt[133]. Lediglich aus dem Schrifttum und der Rechtsprechung lassen sich Kriterien

---

[126]   BT-Drs. 7/4122, S. 30; *Voelzke/Schegel – Bieresborn*, jurisPR-SozR 16/2007, S. 3.
[127]   *BSG* v. 05.05.1994, SozSich 1995, 270, 271; *BSG* v. 07.11.1996, BSGE 79, 214, 221.
[128]   *Werthebach*, NZA 2006, 247.
[129]   *Werthebach*, NZA 2006, 247.
[130]   *BSG* v. 07.11.1996, BSGE 79, 214, 218; *Voelzke/Schegel – Bieresborn*, jurisPR-SozR 16/2007, S. 3.
[131]   *Mastmann/Stark*, BB 2005, 1849, 1854.
[132]   *BSG* v. 10.08.1999, NZA-RR 2000, 601, 602.
[133]   *Reiserer/Schulte*, BB 1995, 2162.

für die Einordnung des GmbH-Geschäftsführers als sozialversicherungspflichtig bzw. -frei bestimmen[134].

Nach § 7 Abs. 1 SGB IV ist Voraussetzung für das Bestehen der Sozialversicherungspflicht das Vorliegen eines abhängigen Beschäftigungsverhältnisses. In diesem Zusammenhang spielt es keine Rolle, dass der Geschäftsführer im Arbeitsrecht grundsätzlich nicht als Arbeitnehmer einzustufen ist[135]. Vielmehr ist von einem abhängigen Beschäftigungsverhältnis auszugehen, wenn der Geschäftsführer aufgrund seiner Kapitalbeteiligung keinen maßgebenden Einfluss auf die Entscheidungen der Gesellschaft hat[136]. Dementsprechend ist regelmäßig bei einer Kapitalbeteiligung von über 50 Prozent davon auszugehen, dass kein abhängiges Beschäftigungsverhältnis besteht, da der Geschäftsführer durch seinen Einfluss selbst die Geschicke der Gesellschaft bestimmen kann und Entscheidungen gegen seinen Willen nicht durchgeführt werden können[137]. Demgegenüber führt eine Kapitalbeteiligung von unter 50 Prozent nicht automatisch zu einem abhängigen Beschäftigungsverhältnis und somit zur Sozialversicherungspflicht.

Maßgeblich dafür, ob es sich um eine abhängige Tätigkeit handelt, ist vielmehr der Aspekt, ob die Tätigkeit in persönlicher Abhängigkeit gegen Entgelt erbracht wurde[138].

Das BSG nimmt eine persönliche Abhängigkeit an, wenn der Geschäftsführer in den Betrieb eingegliedert ist und den Weisungen der Gesellschaft hinsichtlich Ort, Zeit, Dauer der Tätigkeit untersteht[139]. Aufgrund der leitenden Position des Geschäftsführers kann das Weisungsrecht eingeschränkt sein, muss jedoch noch so wesentlich sein, *„dass eine fremdbestimmte Dienstleistung verbleibt"*[140].

Weitere Indizien, die gegen ein abhängiges Beschäftigungsverhältnis sprechen, sind z.B. das Vorliegen spezieller Branchenkenntnisse und Erfahrungen[141], wenn dem Geschäftsführer Einzelvertretungsbefugnis

---

[134] *BSG* v. 28.11.1990, GmbHR 1991, 461; *BSG* v. 18.04.1991, NZA 1991, 869; kritisch *SG Düsseldorf* v. 27.04.2009, NZS 2010, 116, 118.

[135] *Reiserer/Schulte*, BB 1995, 2162.

[136] *Reiserer/Schulte*, BB 1995, 2162.

[137] *BSG* v. 08.12.1987, BB 1989, 72, 73 m.w.N.

[138] *Reiserer/Schulte*, BB 1995, 2162.

[139] *BSG* v. 08.12.1987, BB 1989, 72, 73; *BSGE* 13 196, 201; 16, 289, 293; 35, 20, 21; 38, 53 57.

[140] *BSGE* 51, 164, 167; *Reiserer/Schulte*, BB 1995, 2162.

[141] *Plagemann*, WiB 1994, 223, 225.

eingeräumt wird[142] bzw. er vom Selbstkontrahierungsverbot nach § 181 BGB befreit wird[143].

Gilt der Geschäftsführer als sozialversicherungspflichtig, würde grundsätzlich auch die Ausstrahlungsregelung des § 4 SGB IV auf ihn anwendbar sein. Allerdings findet § 4 SGB IV keine Anwendung, wenn der Entsandte wesentlich die Gestaltung der ausländischen Gesellschaft beeinflusst[144]. Dies liegt bei einem Geschäftsführer unzweifelhaft vor; infolgedessen kann nicht auf die Ausstrahlungsregelung zurückgegriffen werden.

Dementsprechend ist es notwendig, sich durch private Versicherungen abzusichern, selbst wenn es dadurch zu einer Doppelbelastung kommen könnte.

3. Sozialversicherung im russischen Recht

Oftmals unterliegt der Arbeitnehmer bei einer Auslandstätigkeit auch den Sozialversicherungsvorschriften im Beschäftigungsstaat. In diesem Fall kann es zu einer Doppelversicherung kommen, wenn kein internationales bzw. bilaterales Abkommen zwischen den Ländern besteht.

Zwischen Deutschland und Russland besteht derzeit kein Sozialversicherungsabkommen[145]. Der Abschluss eines solchen Abkommens ist in Zukunft auch nicht vorgesehen[146].

Art. 39 der Verfassung der RF garantiert jedem Bürger eine soziale Grundversorgung. Demzufolge unterliegen alle Arbeitnehmer der staatlichen Versicherungspflicht[147]. Infolgedessen ist grundsätzlich jeder Arbeitnehmer, der in Russland tätig wird, nach russischem Recht sozialversicherungspflichtig. Eine Ausnahme von diesem Grundsatz gilt teilweise für ausländische Arbeitnehmer, die in Russland beschäftigt sind.

Dazu regelt Art. 9 Pkt. 1 (15) des Föderalen Gesetzes Nr. 212-FZ, dass für Vergütungszahlungen aufgrund von Arbeitsverträgen und zivilrechtlichen Verträgen an Ausländer, die sich vorübergehend in Russland aufhalten, der Arbeitgeber keine Sozialabgaben leisten muss[148]. Daraus wird

---

[142]   *Reiserer/Schulte*, BB 1995, 2164.
[143]   *Brandmüller*, Rn. 269.
[144]   *Mütze/Popp*, S. 280.
[145]   *Balashova/Wedde*, AuA 2008, 82, 84; *Fritz*, Personalwirtschaft 2004, 32, 33; *v. Ruch*, Personal Manager 2006, S. 27.
[146]   *Balashova/Wedde*, AuA 2008, 82, 84.
[147]   *Breidenbach – Albertini v.*, RUS, Kap. D.X, Rn. 162, 163.
[148]   *Pristavkina/Wedde*, AuA 2009, 699, 702.

ersichtlich, dass nur ein bestimmter Teil der entsandten Personen von der Regelung erfasst wird, und zwar die Mitarbeiter, die im Rahmen eines zeitweiligen Aufenthaltes (durch Arbeits- oder Geschäftsvisum) bzw. eines zeitweiligen Wohnsitzes berechtigt sind sich in der RF aufzuhalten.

Alle anderen entsandten Arbeitnehmer, die sich nicht nur vorübergehend in der RF aufhalten, unterliegen der Sozialversicherungspflicht. Dementsprechend werden im Folgenden kurz die wichtigsten Grundsätze des russischen Sozialversicherungssystems zusammengefasst dargestellt:

Durch das föderale Gesetz Nr. 212-FZ *"Versicherungsabgaben in die Renten-, Sozialversicherungs, und Medizinversicherungsfonds"* vom 24. Juli 2009, welches zum 01.01.2010 in Kraft trat, wurde die bisher geltende einheitliche Sozialsteuer abgeschafft[149]. Demnach handelt es sich nicht mehr um eine Steuer, sondern – wie in Deutschland – um Beiträge, die an die Renten-, die Sozialversicherungs- und die föderalen und territorialen Medizinversicherungsfonds durch den Arbeitgeber abgeführt werden müssen[150].

Die Höhe der abzuführenden Beiträge richtet sich nach dem Arbeitsentgelt und nach dem Tarifsatz, welcher für das Jahr 2010 auf 26 Prozent festgelegt wurde[151] und je nach Lohnentwicklung jährlich angepasst wird[152]. Dabei wird das Einkommen jedoch nur bis zu einem Höchstbetrag von 415.000 Rubel (entspricht ca. 9700 EUR)[153] bei der Beitragsberechnung zugrunde gelegt. Diese Höchstgrenze entspricht in Deutschland der sogenannten Beitragsbemessungsgrenze[154]. Bei Erreichen dieser Grenze bleibt der Beitrag auch bei höherem Einkommen gleich.

Zum Jahr 2011 soll der Tarifsatz von 26 Prozent auf 34 Prozent ansteigen.

4. Problemfelder der sozialrechtlichen Untersuchung

Grundsätzlich sind bei der Betrachtung der Sozialsteuer vier wesentliche Kriterien zu berücksichtigen:

- findet die Ausstrahlungsregelung des § 4 SGB IV Anwendung und erstreckt sich somit deutsches Sozialversicherungsrecht auch auf Tätigkeiten in Russland,

---

[149] *Pristavkina/Wedde*, AuA 2009, 699, 702.
[150] *Fritz*, Personalwirtschaft 2004, 32, 33; *v. Ruch*, Personal Manager, 2006, S. 26.
[151] *Pristavkina/Wedde*, AuA 2009, 699, 702.
[152] *Pristavkina/Wedde*, AuA 2009, 699, 702.
[153] *Pristavkina/Wedde*, AuA 2009, 699,702.
[154] *Muckel*, § 7, Rn. 59; *Igl/Welti*, § 33, Rn. 5.

- ist diese Ausstrahlungsregelung des § 4 SGB IV nicht anwendbar,
- hält sich der Arbeitnehmer nur vorübergehend in der RF auf,
- besteht kein vorübergehender Aufenthalt des Arbeitnehmers in der RF.

Unproblematisch gestaltet sich die Fallkonstellation, wenn § 4 SGB IV auf die Tätigkeit in Russland ausstrahlt und der Arbeitnehmer in Russland nicht sozialversicherungspflichtig ist, da er sich nur vorübergehend in der RF aufhält. Hier gelten die deutschen Sozialversicherungsvorschriften und der Arbeitnehmer verbleibt im deutschen System.

Ist der Arbeitnehmer in Russland sozialversicherungspflichtig, muss der Arbeitgeber für ihn in Russland vollumfänglich die Sozialbeiträge abführen. Dies würde wohl dazu führen, dass die Ausstrahlungsregelung nach § 4 SGB IV nicht zur Anwendung kommen würde, da der Arbeitnehmer nicht mehr im inländischen Unternehmen eingegliedert wäre[155]. Infolgedessen würde keine doppelte Sozialversicherungspflicht bestehen.

Um dennoch einen guten Versicherungsschutz zu gewährleisten, wäre es sinnvoll, freiwillig Beiträge an den deutschen Sozialversicherungsträger abzuführen, um im deutschen Sozialversicherungssystem zu verbleiben (s. Ziff. E. IV. 4. b. ff ddd.) bzw. privaten Versicherungsschutz in Anspruch zu nehmen. In der Praxis bedienen sich häufig Mitarbeiter eines solchen Modells. Somit ist festzustellen, dass in dieser Fallkonstellation eine vollständige Absicherung nur durch eine Doppelbelastung erreicht werden kann.

Durch die neue Regelung, dass der Arbeitnehmer bei vorübergehendem Aufenthalt keine Sozialversicherungsabgaben in Russland zahlen muss, kann dies im ungünstigsten Fall dazu führen, dass der Arbeitnehmer sowohl aus dem deutschen als auch aus dem russischen Sozialversicherungssystem fällt, wenn § 4 SGB IV nicht anwendbar ist.

Dies wäre bspw. anzunehmen, wenn der Arbeitnehmer einen befristeten Arbeitsvertrag mit dem ausländischen Unternehmen abschließt und von diesem das Entgelt erhält. Somit wäre der Arbeitnehmer nicht mehr organisatorisch in das deutsche Unternehmen eingegliedert. Nach dieser Fallkonstellation wäre der Arbeitnehmer weder in Deutschland noch in Russland sozialversicherungspflichtig. Dieses Beispiel zeigt nochmals, dass es maßgeblich auf die Vertragsgestaltung ankommt.

Zusammenfassend wird festgestellt, dass frühzeitig die Probleme der Sozialversicherung bedacht werden müssen und einer Regelung im

---

[155] *Balashova/Wedde*, AuA 2008, 82, 84.

Entsendungsvertrag bedürfen. Außerdem bleibt zu beachten, dass die Ausstrahlungsregelung der Sozialversicherung sich maßgeblich nach der Bindung des Expatriates an das Heimatunternehmen während der Entsendung richtet. Folglich müsste, sofern das Interesse einer Weitergeltung der deutschen Sozialversicherung besteht, ein Vertragsmodell gewählt werden, in dem eine enge Anbindung an die Heimatgesellschaft vorgesehen ist.

5. Beispiel – Vorgehensweise Absicherung Krankenversicherung

Wird der Arbeitnehmer nach Russland entsandt, um dort einer Tätigkeit nachzugehen und greifen die Ausstrahlungsregelungen nicht, hat der Arbeitnehmer keinen Anspruch auf Leistungen der deutschen gesetzlichen Krankenversicherung während der Entsendung. Grundsätzlich obliegt die Sorge dafür, dass der Entsandte ausreichenden Krankenversicherungsschutz genießt dem Mitarbeiter selbst[156]. Häufig bieten insbesondere größere Unternehmen verschiedene Versicherungsmöglichkeiten über das entsendende Unternehmen an. So kann es bspw. sinnvoll sein für den Entsendungszeitraum eine sogenannte Auslandsvollkostenversicherung abzuschließen[157]. Diese wird zumeist im Rahmen eines Gruppenversicherungsvertrages durch das Heimatunternehmen abgeschlossen. Diese Versicherung gewährleistet i.d.R. einen umfassenden Krankenversicherungsschutz für die Dauer des Auslandsaufenthaltes. Demzufolge sollte zunächst bei dem entsendenden Arbeitgeber nachgefragt werden, welche Versicherungsmöglichkeiten der Arbeitgeber anbieten kann, um möglichst Doppelversicherungen zu vermeiden.

In jedem Falle sollte der Mitarbeiter eine private Krankenversicherung abschließen. Diese muss ebenfalls Unterbrechungen des Aufenthaltes abdecken z.B. für den Fall, dass der Mitarbeiter während einer Heimreise in Deutschland erkrankt.

Weiterhin ist zu beachten, wie Familienmitglieder des entsandten Mitarbeiters, die in Deutschland leben, krankenversichert sind, falls der Mitarbeiter aus dem deutschen Sozialversicherungsrecht fällt.

Zudem sollte bedacht werden, sofern keine Ausstrahlungsregelungen greifen, eine Versicherung für Krankengeld abzuschließen, da der Regelsatz in Russland mit maximal 440 EUR sehr gering ist (s. Ziff. E. I. 1. b. ff. aaa).

---

[156] *Küttner – Kreitner*, Auslandstätigkeit, Rn. 6.
[157] *Mütze/Popp*, S. 298.

Durch das GKV-Wettbewerbsstärkungsgesetz vom 26.03.2007[158], wonach jede Person gem. § 5 und 6 SGB V krankenversicherungspflichtig ist, haben sich Erleichterungen für die Mitgliedschaft in einer Krankenversicherung nach Rückkehr von einer Entsendung ergeben. Eine sogenannte Anwartschaftsversicherung, welche gewährleistet, dass der Mitarbeiter nach Beendigung des Auslandsaufenthaltes automatisch in die gesetzliche Krankenversicherung aufgenommen wird und der Leistungsanspruch auflebt[159], ist seit diesem Datum nicht mehr notwendig.

Der Arbeitnehmer muss nun lediglich die Krankenkasse von der Entsendung in Kenntnis setzen und einen Nachweis über die Auslandstätigkeit vorlegen. Von der Rückkehr hat der Arbeitnehmer die Krankenversicherung ebenfalls zu informieren. Die Krankenversicherung ist nach Rückkehr des Mitarbeiters verpflichtet, ihn automatisch in die gesetzliche Krankenversicherung aufzunehmen.

IV. Abführung der Lohnsteuer

Der folgende Abschnitt soll lediglich die wesentlichen steuerlichen Aspekte und Problemfelder einer Mitarbeiterentsendung von Deutschland nach Russland aufzeigen. Es wird darauf hingewiesen, dass die steuerrechtliche Problematik nicht im Vordergrund dieser Ausarbeitung steht und dementsprechend nur auf die Vorschriften im Zusammenhang mit dem Doppelbesteuerungsabkommen eingegangen wird.

Um einen systematischen Überblick zu verschaffen wird zunächst das Grundprinzip der Besteuerung einer grenzüberschreitenden Tätigkeit kurz dargestellt. Danach knüpft beinahe jeder Staat bei der Besteuerung des Einkommens einerseits an die Ansässigkeit des Arbeitnehmers und andererseits an die Erbringung oder Verwertung der Arbeitsleistung in seinem Hoheitsgebiet an[160]. Demzufolge kann es zu einer Doppelbesteuerung kommen, wenn *vergleichbare Steuern in zwei oder mehr Staaten von demselben Steuerpflichtigen für denselben Steuergegenstand und Zeitraum"* erhoben werden[161].

---

[158] Gesetz zur Stärkung des Wettbewerbs in der Gesetzlichen Krankenversicherung (GKV-Wettbewerbsstärkungsgesetz - GKV-WSG) vom 26.03.2007.
[159] *Mütze/Popp*, S. 298.
[160] *Heuser/Heidenreich/Fritz*, Rn. 611.
[161] *Heuser/Heidenreich/Fritz*, Rn. 613.

1. DBA zwischen Deutschland und Russland

Zwischen Deutschland und Russland besteht ein Doppelbesteuerungsabkommen (im Folgenden DBA-D-RUS), welches eine doppelte Abführung von Steuern verhindern soll[162].

Das Doppelbesteuerungsabkommen findet Anwendung, wenn der persönliche und der sachliche Anwendungsbereich erfüllt sind.

Eine sachliche Anwendung liegt vor, sofern Steuergüter in einem Vertragsstaat belegen sind bzw. einer dort entstammenden Quelle entspringen[163]. Persönlich anwendbar ist ein Doppelbesteuerungsabkommen, wenn die Person in einem der beiden Vertragsstaaten mit dem das DBA besteht, ansässig ist[164]. Nach Art. 4 Abs. 1 DBA-D-RUS ist eine Person in einem Vertragsstaat ansässig, in welchem sie aufgrund eines Wohnsitzes oder ständigen Aufenthaltes (nach innerstaatlichem Recht) der innerstaatlichen unbeschränkten Steuerpflicht unterliegt. Als unbeschränkt steuerpflichtig nach § 1 Abs. 1 EStG gilt eine natürliche Person, die ihren Wohnsitz in Deutschland hat oder sich gewöhnlich in Deutschland aufhält. Somit unterliegt ihr weltweites Einkommen der Einkommensbesteuerung in Deutschland (Welteinkommensprinzip)[165]. Unter einem Wohnsitz nach § 8 AO versteht man eine Wohnung, die nicht nur vorübergehend benutzt wird. Im Sinne dieses Begriffes fallen somit sogar ein möbliertes Zimmer[166], eine Hotelwohnung, ein Ferienhaus sowie eine Zweitwohnung darunter.

Demgegenüber reicht es für einen gewöhnlichen Aufenthalt nach § 9 AO aus, wenn sich die Person mehr als sechs Monate zusammenhängend im Inland aufhält. Kurzfristige Unterbrechungen, wie z.B. Urlaub oder Dienstreisen, bleiben bei der Frist unberücksichtigt[167].

Problematisch gestaltet sich der Fall, wenn aufgrund der nationalen Gesetzgebung sowohl in Russland als auch in Deutschland ein Wohnsitz angenommen wird. Demnach wäre die natürliche Person in beiden Staaten unbeschränkt steuerpflichtig und ansässig. Diese Problematik wird bei Entsendungen oft vorkommen. Hier greift das DBA-D-RUS ein, um eine Doppelbesteuerung zu vermeiden, indem es in einen Quellenstaat und einen Ansässigkeitsstaat differenziert. Art. 4 Abs. 2 DBA-D-RUS legt eine

---

162   Deutsch-Russisches Doppelbesteuerungsabkommen vom 29.05.1996.
163   *Mütze/Popp*, S. 124.
164   *Mütze/Popp*, S. 118.
165   *Haase*, S. 26; *Frotscher*, Rn. 93.
166   *BFH* v. 14.11.1969, BStBl. 1970, 153.
167   *Littmann/Bitz/Pust – Michel*, § 1 Rn. 93.

Reihenfolge von Ansässigkeitsmerkmalen fest, wodurch die engere persönliche Bindung des Mitarbeiters zu einem Staat ermittelt werden soll[168]. Danach gilt die Person zunächst in dem Staat als ansässig, in dem sie über eine ständige Wohnung verfügt. Ist dies nicht zu ermitteln, da sie in beiden Staaten einen ständigen Wohnsitz hat, richtet sich die Ansässigkeit danach, wo sich der Mittelpunkt der Lebensinteressen befindet[169]. Indizien dafür können bspw. familiäre Bindungen oder örtlich gebundene Tätigkeiten, Einnahmequellen sowie Vermögensgegenstände sein[170]. Kann der Lebensmittelpunkt nicht festgestellt werden, ist die Ansässigkeit nach dem gewöhnlichen Aufenthalt zu bestimmen, wobei alle Aufenthalte – die sowohl zur Verwirklichung der persönlichen als auch zur Verwirklichung der wirtschaftlichen Ziele dienen[171], berücksichtigt werden müssen. Führt auch dieses Merkmal zu keiner Lösung, wird die Ansässigkeit nach der Staatsangehörigkeit entschieden.

Hat die Person eine doppelte Staatsbürgerschaft oder eine Staatsbürgerschaft keiner der Abkommensstaaten, so regeln die zuständigen Behörden die Frage im gegenseitigen Einvernehmen.

Ist die Frage der Ansässigkeit geklärt, bestimmt das DBA in den weiteren Artikeln die Zuweisung des Besteuerungsrechtes an den Ansässigkeitsstaat oder den anderen Staat. Dabei wird nach den Einkunftsquellen unterschieden. Selbst für die Einkünfte von Arbeitnehmern bestehen mehrere Zuweisungsregelungen für z.B. private und öffentliche Arbeitgeber, für Mitglieder von Aufsichts- und Verwaltungsräten sowie für Grenzgänger[172].

Die im Zusammenhang mit grenzüberschreitenden Tätigkeiten wohl wichtigste Vorschrift regelt Art. 15 DBA-D-RUS. Darin ist das Besteuerungsrecht für Einkünfte aus unselbständiger Arbeit geregelt. Art. 15 DBA-D-RUS folgt der Systematik Grundsatz, Ausnahme und Unterausnahme[173].

Grundsätzlich liegt das Besteuerungsrecht für Einkünfte aus nichtselbständiger Arbeit beim Wohnsitzstaat (im Entsendungsfall von Deutschland in die RF i.d.R. in Deutschland).

---

[168]   Brähler, S. 125.
[169]   Mütze/Popp, S. 120.
[170]   DBA-Komm-Wassermeyer, Franz , MA Art. 4 Rn. 68 f.
[171]   DBA-Komm-Wassermeyer, Franz , MA Art. 4 Rn. 75.
[172]   Heuser/Heidenreich/Fritz, Rn. 674.
[173]   Brähler, S. 180; Neyer, BB 2006, 918.

Eine Ausnahme besteht, soweit die Tätigkeit in einem anderen Staat ausgeübt wurde. In diesem Fall ist der Tätigkeitsstaat zur Erhebung der Steuer berechtigt.

Für den Fall, dass ein deutscher Arbeitnehmer bei einem russischen Arbeitgeber unselbständige Einkünfte erzielt, würden die Einkünfte somit in Russland besteuert werden und in Deutschland steuerfrei sein.

Die Unterausnahme lässt den Steuerzugriff des Tätigkeitsstaates entfallen, wenn drei Voraussetzungen vorliegen. Sind alle drei Voraussetzungen erfüllt, steht – wie bei dem Grundsatz – dem Wohnsitzstaat (i.d.R. Deutschland) das Besteuerungsrecht zu.

Russland als Tätigkeitsstaat darf danach nicht besteuern, wenn sich der nach Russland entsandte deutsche Arbeitnehmer, nach Art. 15 Ziff. 2 DBA-D-RUS nicht länger als 183 Tage während eines beliebigen Zwölf-Monatszeitraums in Russland aufhält, der im betreffenden Steuerjahr beginnt oder endet. Für die Dauer der Aufenthaltstage ist allein die *„körperliche Anwesenheit"* maßgeblich[174], nicht die Dauer der beruflichen Tätigkeit. Somit werden u.a. der Ankunfts- und Abreisetag, Samstage, Sonn- und Feiertage sowie Tage während Arbeitsunterbrechungen, wie Streik und Aussperrung, mitgezählt[175]. Ist der Aufenthalt länger als 183 Tage, ist die Steuer an Russland abzuführen.

Neben der maximalen Aufenthaltsdauer von 183 Tagen müssen folgende Voraussetzungen für eine Besteuerung in Deutschland erfüllt sein.

Die Vergütung muss von oder für einen Arbeitgeber gezahlt werden, der nicht im Tätigkeitsstaat (Russland) ansässig ist und die Vergütungen dürfen *„nicht von einer Betriebsstätte oder einer festen Einrichtung getragen werden, die der Arbeitgeber im Tätigkeitsstaat (Russland) hat"*. Nach Art. 5 DBA-D-RUS sind von dem Begriff der Betriebsstätte z.B. der Ort der Leitung oder Zweigstelle, eine Fabrikationsstätte oder Werkstätte erfasst[176].

Ein Problem stellt sich in dem Fall, wenn bspw. eine deutsche Muttergesellschaft einen im Inland ansässigen Arbeitnehmer für die Ausübung einer unselbständigen Tätigkeit in ein verbundenes Unternehmen nach Russland entsendet. Fraglich ist, wer hier als Arbeitgeber anzusehen ist. Die Rechtsprechung ist der Auffassung, dass das Unternehmen als Arbeitgeber anzusehen ist, in welchem der Arbeitnehmer in den

---

[174]   BMF v. 14.09.2006, IV B 6 – S. 1300 – 367/06, Tz. 37.
[175]   *Mütze/Popp*, S. 134 f.
[176]   *Mütze/Popp*, S. 163.

Arbeitsablauf des Unternehmens eingebunden[177] ist und welchen Weisungen er unterliegt[178]. Als weitere Indizien für die Einordnung als Arbeitgeber gelten: Wer den Arbeitslohn wirtschaftlich trägt[179] und wer überwiegend auf eine Entsendung des Arbeitnehmers hingewirkt hat[180].

Für Einkünfte aus unselbständiger Arbeit beträgt der einheitliche Steuersatz für in Russland ansässige Personen (Aufenthalt in Russland von 183 Tagen) 13 Prozent[181]. Ist der Arbeitnehmer nicht in Russland ansässig, wird lediglich der Teil des Einkommens, der aus russischen Quellen stammt, mit 30 Prozent versteuert[182]. Dem Arbeitgeber obliegt auch hier die Pflicht, die Steuer einzuziehen und abzuführen[183].

2. Besteuerung des Geschäftsführers nach dem DBA

Das russische DBA enthält keine besondere Regelung für die Besteuerung der Einkünfte eines Geschäftsführers aus Tätigkeiten für Unternehmen in einem anderen Staat. Demnach regelt auch hier Art. 15 DBA-D-RUS die Zuweisung des Besteuerungsrechtes für den Geschäftsführer[184]. Grundsätzlich steht danach das Besteuerungsrecht dem Staat zu, indem der Geschäftsführer tatsächlich seine Tätigkeit ausübt. Für Organe von Kapitalgesellschaften und somit auch für den GmbH Geschäftsführer gilt, dass sie ihre Tätigkeit grundsätzlich dort ausüben, wo sie sich persönlich aufhalten[185]. Nach § 90 Abs. 2 AO ist der Steuerpflichtige verpflichtet, einen Nachweis über die Auslandtätigkeit und deren Dauer durch geeignete Unterlagen (wie z.B. Stundenzettel, Reisekostenabrechnungen) zu erbringen[186].

Im Rahmen der Gesetzesänderung vom 12. Mai 2010[187] zur Erleichterung der Einreise und Tätigkeit hochqualifizierter ausländischer Spezialisten wurde eine Regelung aufgenommen, die den hochqualifizierten Mitarbeiter, wenn der Arbeitsvertrag 183 Tage übersteigt, ab dem ersten Tag der

---

[177] *BFH* v. 23.02.2005, BStBl. II 2005, 547, 549.
[178] *Neyer*, BB 2006, S. 918.
[179] *BFH* v. 23.02.2005, BStBl. II 2005, 547, 549.
[180] *Mütze/Popp*, S. 149.
[181] *Fritz*, Personalwirtschaft 2004, 33; *Sarodnick*, S. 146.
[182] *Fritz*, Personalwirtschaft 2004, 33; *Pristavkina/Wedde*, AuA 2009, 699, 702, v. *Ruch*, Personal Manager, 2006, 26; *Sarodnick*, S. 146.
[183] *Pristavkina/Wedde*, AuA 2009, 699, 702.
[184] *Heuser/Heidenreich/Fritz*, Rn. 724.
[185] *BFH* v. 05.10.1994, BStBl II 1995, 95.
[186] *OFD Nürnberg* v. 23.12.1998, S- 1300 – 124/St 31.
[187] Gesetz „Über die Rechtslage der ausländischen Staatsangehörigen in der Russischen Föderation" Nr. 115.

Arbeitstätigkeit in Russland als russischen Steuerresidenten mit einem Einkommenssteuersatz von 13 Prozent qualifiziert.

3. Zusammenfassung Steuerrecht

Aus dieser kurzen Darstellung wird ersichtlich, dass die steuerlichen Gesichtspunkte bei Entsendungen sehr komplex sind.

Es wurde in diesem Abschnitt dargestellt, dass viele Faktoren von der Dauer der Entsendung (mehr oder weniger als 183 Tage) sowie von den persönlichen Verhältnissen des Entsandten (Wohnsitz und Ansässigkeit) und der Zuordnung des Arbeitgebers abhängen. Anhand dieser Kriterien können große Gestaltungsmöglichkeiten ausgeschöpft und innerstaatliche Tarifdifferenzen ausgenutzt werden.

D. Überblick über Vertragsmodelle und rechtliche Grundlagen

Dieser Abschnitt gibt einen groben Überblick über die praxisrelevanten Vertragsmodelle der Entsendung, welche unter Ziff. E im Einzelnen untersucht werden. Für die weitere Betrachtung der Vertragsmodelle ist es zudem erforderlich, das anwendbare Recht darzustellen sowie die Grundzüge des russischen Arbeitsrechts aufzuzeigen, da diese für alle Vertragsmodelle relevant sind.

I. Überblick der Vertragsmodelle

Für eine längerfristige Entsendung bildet das einseitige Weisungsrecht des Arbeitgebers keine hinreichende Rechtsgrundlage[188]. Aus diesem Grund wird in der Praxis bei einer grenzüberschreitenden Tätigkeit ein sogenannter Entsendungsvertrag verwendet, der durch zwei sich entsprechende Willenserklärungen begründet wird[189].

In der Praxis werden verschiedene Gestaltungsformen und Bezeichnungen für einen Entsendungsvertrag unterschieden, welche nachstehend näher beschrieben werden. Bei der Untersuchung wird in der Reihenfolge der Abhängigkeit des Mitarbeiters vom Heimatunternehmen vorgegangen. Zunächst wird das Übertrittsmodell vorgestellt, bei dem sich der Mitarbeiter vertraglich vollkommen vom Stammunternehmen löst, bis hin zum Mehrvertragsmodell, bei welchem der Entsandte eine enge vertragliche Bindung zum Stammhaus hat.

1. Übertrittsmodell

Das Übertrittsmodell liegt vor, wenn lediglich zwischen dem Arbeitnehmer und dem Auslandsunternehmen ein Vertrag abgeschlossen und ausschließlich diese Beschäftigung ausgeübt wird. Diese Variante sieht keine Anbindung an die Heimatgesellschaft vor[190].

Eine derartige Vertragsgestaltung kommt häufig beim sogenannten Übertritt zur Anwendung. Von einem Übertritt wird ausgegangen, wenn der Mitarbeiter den Vertrag mit dem deutschen Mutterunternehmen beendet – entweder durch Kündigung oder durch Aufhebungsvertrag – und mit der russischen ausländischen Gesellschaft ein Beschäftigungsverhältnis eingeht[191].

---

[188]   *Kamphoff*, S. 11.
[189]   *Henssler/Hegewald*, S. 1180, *Mütze/Popp*, S. 70.
[190]   *Mütze/Popp*, S. 71.
[191]   *Heuser/Heidenreich/Fritz*, Rn. 33; *Reiter*, NZA 2004, 1246, 1247.

2. Einvertragsmodell

Eine zweite Gestaltungsmöglichkeit bietet das Einvertragsmodell. Dabei stellt ein inländisches Unternehmen einen Mitarbeiter für den Zweck ein, ausschließlich seine Arbeitsleistung im Ausland zu erbringen[192]. Das entsendende Unternehmen schließt mit dem Mitarbeiter einen sogenannten Entsendungsvertrag ab, der die Bedingungen der Auslandsentsendung sowie die Rechte und Pflichten der Vertragsparteien regelt.

3. Zweivertragsmodell

Bei dieser Variante besteht bereits vor dem Auslandseinsatz ein Arbeitsvertrag mit der Heimatgesellschaft. Daneben wird eine Zusatzvereinbarung mit der Heimatgesellschaft abgeschlossen, in der die besonderen Bestimmungen für den Auslandseinsatz geregelt werden[193]. Da in diesem Fall zwei Verträge vorliegen, werden zumeist die Hauptpflichten des Vertrages mit dem Heimatunternehmen für den Zeitraum des Auslandseinsatzes ruhend gestellt und die für den Auslandseinsatz geltenden Rechte und Pflichten in der Zusatzvereinbarung festgelegt[194].

4. Mehrvertragsmodell

Das Mehrvertragsmodell entspricht vom Grundprinzip dem Zweivertragsmodell. Es besteht ebenso wie beim Zweivertragsmodell ein Arbeitsvertrag mit dem Heimatunternehmen, der für die Dauer der Entsendung ruhend gestellt wird. Außerdem wird eine Zusatzvereinbarung für die Zeit der Entsendung geschlossen, welche die Modalitäten während der Entsendung regelt. Als Neuerung zum Zweivertragsmodell kommt bei dieser Variante zusätzlich ein weiterer Vertrag zwischen dem Arbeitnehmer und dem Unternehmen in Russland zustande[195].

II. Anwendbares Recht

Bei der Entsendung von Deutschland nach Russland handelt es sich um einen grenzüberschreitenden Sachverhalt. Demzufolge ist zu prüfen, welches Recht Anwendung findet. Es könnte grundsätzlich deutsches, russisches oder ein gewähltes Recht anwendbar sein.

---

[192] *Heuser/Heidenreich/Fritz*, Rn. 26, *Reiter*, NZA 2004, 1246, 1247.
[193] *Gemmel*, AuA 2008, 270.
[194] *Mütze/Popp*, S. 71; *Reiter*, NZA 2004, 1246, 1247.
[195] *Mütze/Popp*, S. 72.

Für die Regelung von arbeitsrechtlichen Streitigkeiten besteht derzeit kein international über alle Staaten einheitlich geltendes Regelwerk, welches die Anwendung des Rechtes einem Staat zuweist[196]. Stattdessen haben die einzelnen Staaten eigene Kollisionsnormen erlassen, welche vorsehen, dass die eigenen Kollisionsregeln oder die Regeln des anderen betroffenen Staates anzuwenden sind.

Lediglich die Übereinkommen der ILO (International Labour Organization) versuchen die Mindeststandards im Arbeitsleben weltweit zu vereinheitlichen[197]. Diese Abkommen betreffen u.a. die Abschaffung der Zwangsarbeit (C 29) sowie die Festlegung eines Mindestalters für die Zulassung zur Beschäftigung (C 138)[198], welche sowohl von der RF als auch von Deutschland ratifiziert worden sind.

1. Anwendbares Recht bei Zuständigkeit deutscher Gerichte

Für den Fall, dass eine arbeitsrechtliche Streitigkeit mit einem grenzüberschreitenden Sachverhalt in Deutschland anhängig gemacht werden würde, käme für Verträge, die nach dem 17.12.2009 geschlossen wurden, die Rom I-VO zur Anwendung[199] (vor diesem Datum Art. 27 ff. EGBGB). Diese Verordnung vereinheitlicht das Kollisionsrecht für alle Mitgliedstaaten außer Dänemark und bestimmt, welches Recht innerhalb der europäischen Union auf internationale Verträge anwendbar ist[200]. Obwohl Russland nicht zur Europäischen Union gehört, könnten Streitigkeiten im Rahmen einer Entsendung von Deutschland nach Russland dennoch eine Anwendung der Verordnung begründen, wenn vor deutschen Gerichten geklagt werden würde.

Nach Art. 3 Rom I-VO (alt Art. 27, 30 Abs. 1 EGBGB) kann das anwendbare Recht vorrangig durch Rechtswahl der Parteien vereinbart werden. Jedoch darf nach Art. 8 Rom I-VO durch die Rechtswahl nicht zum Nachteil des Arbeitnehmers von zwingenden Vorschriften des Landes abgewichen werden, in dem der Arbeitnehmer gewöhnlich seine Arbeit ausübt. Mangels einer Rechtswahl kommt das Recht des Staates zur Anwendung, in dem der Arbeitnehmer gewöhnlich seine Arbeit verrichtet.

---

[196] *Koch/Magnus*, S. 235.
[197] *Schiek*, S. 36.
[198] ILO, Von der Bundesrepublik Deutschland ratifizierte ILO-Übereinkommen, unter: http://www.ilo.org.
[199] Verordnung (EG) Nr. 593/2008 über das auf vertragliche Schuldverhältnisse anzuwendende Recht, Amtsblatt der EU vom 4.7.2008.
[200] Erwägungsgründe 2, 4, 46 der Verordnung (EG) Nr. 593/2008, Amtsblatt der EU v. 4.7.2008.

Unabhängig von einer getroffenen Rechtswahl und der kollisionsrechtlichen Verweisung wird nach Art. 1192 Abs. 1 ZGB russischem zwingendem Recht zur Geltung verholfen. Infolgedessen ist zwingendes russisches Recht anzuwenden, sofern es von *„besonderer Bedeutung"* für das zu regelnde Rechtsverhältnis ist[201]. Dies gilt nach Art. 1192 Abs. 1 ZGB unabhängig von dem gewählten oder gesetzlich bestimmten Statut. Ob eine *„besondere Bedeutung"* anzunehmen ist, obliegt letztendlich dem Gericht.[202] Indiz hierfür kann nach Art. 1192 Abs. 1 ZGB sein, wenn eine Vorschrift nach dem nationalen russischen Recht zwingend formuliert ist. Wann Normen des ausländischen Rechts internationale Wirkung entfalten sollen, legt der ausländische Staat *„ausdrücklich oder unter Heranziehung der gesamten Rechtsordnung selbst fest"*[203].

Die internationalen zwingenden Vorschriften nach Art. 1192 ZGB betreffen insbesondere die Bereiche des Zoll-, Devisen-, Verbraucher-[204] und Steuerrechts sowie den für uns relevanten Bereich des Arbeitsrechts.

Das Arbeitsgesetzbuch der RF bestimmt klar in Art. 11 ArbGB, dass das russische Arbeitsrecht auf alle Arbeitnehmer, die in Russland tätig werden, erstreckt wird. Davon erfasst sind gem. Art. 11 Abs. 4 ArbGB somit auch ausländische Arbeitnehmer, die in Russland bspw. in Tochtergesellschaften oder Repräsentanzen arbeiten oder internationalen Organisationen angehören. Infolgedessen findet auf solche Arbeitsverhältnisse zwingend russisches Recht Anwendung.

Diese Argumentation wird ebenfalls durch Art. 9 Abs. 3 Rom I-VO bekräftigt. Danach müssen die zwingenden Vorschriften des Staates Beachtung finden, in dem die Arbeitsleistung erbracht wurde (Erfüllungsort). Diese Regelung ermöglicht bei einer vorübergehenden Arbeitnehmerentsendung die Anwendung der zwingenden Vorschriften des jeweiligen Entsendestaates, demnach hier Russlands.

2. Anwendbares Recht bei Zuständigkeit russischer Gerichte

Nimmt man nun an, dass eine Streitigkeit bezüglich einer grenzüberschreitenden Entsendung in Russland anhängig gemacht werden würde, kämen nach der lex fori die russischen Kollisionsvorschriften zur Anwendung. Das russische IPR, welches u.a. im dritten Teil des russischen ZGB unter Abschnitt 6 geregelt ist, sieht keine gesonderten Kollisionsnormen

---

[201]   *Solotych*, WiRO 2002, 42.
[202]   *Solotych*, WiRO 2002, 42.
[203]   *Kamphoff*, S. 46; *Staudinger - Magnus*, Art. 34 EGBGB, Rn. 113.
[204]   *Karraß/Wedde*, WiRO 2002, 272, 274.

für Arbeitsverhältnisse vor. Dementsprechend unterliegen arbeitsrechtliche Streitigkeiten – im Gegensatz zu Deutschland – dem allgemeinen Vertragsstatut.

Auch hier wird als oberster Grundsatz gem. Art. 1210 Abs. 1 ZGB die autonome Rechtswahl der Parteien statuiert. Fehlt es an einer Rechtswahl der Parteien, erlangt nach Art. 1211 Abs. 1 ZGB das Recht des Staates Anwendung, mit welchem der Vertrag am engsten verbunden ist. Die engste Verbindung wird nach Abs. 2 in dem Land angenommen, wo die Partei ihren Wohn- bzw. Geschäftssitz hat, welche die für den Vertragsinhalt charakteristische Leistung erbringt. Das Gesetz beinhaltet einen umfangreichen, jedoch nicht abschließenden Katalog, der diese Leistung für eine Reihe von Verträgen definiert, allerdings nicht konkret Arbeitsverträge benennt.[205] Bei der Entsendung eines Mitarbeiters von Deutschland nach Russland zur Ausübung einer Tätigkeit erbringt die entscheidende Leistung der Arbeitnehmer an seinem Tätigkeitsort in Russland. Somit richtet sich das Vertragsstatut danach, wo der Arbeitnehmer seinen Wohnsitz hat.

Selbst wenn aufgrund des Wohnsitzes in Deutschland deutsches Recht anwendbar wäre, würden sich zumindest die international zwingenden Vorschriften des russischen Rechtes – wie in Ziff. D. II. 1. bereits dargestellt wurde – durchsetzen.

III. Einführung ins russische Arbeitsrecht

Aus den Erkenntnissen zum anwendbaren Recht bei Entsendungssachverhalten lässt sich ableiten, dass bei der Vertragsgestaltung grundsätzlich immer die international zwingenden russischen Vorschriften beachtet werden müssen, welche fast das gesamte russische Arbeitsrecht umfassen. Demzufolge erscheint es sinnvoll, die wesentlichen Regelungen des russischen Arbeitsrechtes darzustellen.

Im folgenden Abschnitt wird zunächst auf die Rechtsquellen, im Anschluss auf die Begründung eines Arbeitsverhältnisses sowie auf die Beendigung von Arbeitsverträgen eingegangen. Hinsichtlich der Rechtsquellen und der Beendigung eines Arbeitsverhältnisses ergeben sich relevante Unterschiede zwischen der deutschen und der russischen Rechtsordnung, demzufolge wird in diesen Abschnitten eine vergleichende Betrachtung zu den deutschen Bestimmungen vorgenommen.

---

[205] *Karraß/Wedde*, WiRO 2002, 272, 273.

1. Rechtsquellen

a. Rechtsquellen des russischen Arbeitsrechts

Seit dem 1. Februar 2002 ist das neue Arbeitsgesetzbuch der Russischen Föderation (im Folgenden ArbGB) in Kraft getreten[206]. Damit löste es den aus der Sowjetzeit stammenden Kodex der Arbeitsgesetze der Russischen Föderation aus dem Jahre 1971 ab[207]. Die Neufassung des ArbGB wurde im Jahr 2006 sowie Ende 2008 nochmals geändert.

Die Grundlage des russischen Arbeitsrechts fußt auf der in der Verfassung (VerfRF) geregelten Vereinigungsfreiheit gem. Art. 30 sowie gem. Art. 37 auf das Recht, *„frei über seine Arbeitsfähigkeit"* verfügen zu können, welches u.a. die freie Berufswahl, einen gesetzlich festgelegten Mindestlohn sowie ein Diskriminierungsverbot bei der Entlohnung garantiert. Zudem wird in Art. 34 VerfRF die wirtschaftliche Handlungsfreiheit gewährt.

Weiterhin existieren eine Vielzahl arbeitsrechtlicher Vorschriften in Form von Gesetzen[208], Ukasen (untergesetzliche Erlasse durch den Präsidenten[209]) und Verordnungen, welche bspw. die internen Prozesse (wie z.B. die Anforderungen an das Arbeitsbuch oder an die Personalakten) regeln.

Außerdem nimmt das Plenum des obersten Gerichts der Russischen Föderation Erläuterungen zu praxisrelevanten Fragen vor[210], bspw. hinsichtlich des ArbGB. Diese Anmerkungen genießen in der Praxis eine normative Kraft[211].

b. Vergleichende Darstellung zu Rechtsquellen des deutschen Arbeitsrechts

Deutschland ist auch im Arbeitsrecht durch eine feste Rangordnung der Rechtsquellen geprägt[212]. Zunächst ist vorrangig vor dem nationalen Bundesrecht EU-Gemeinschaftsrecht in Form von Primär- oder Sekundärrecht heranzuziehen[213]. Das Primärrecht beinhaltet u.a. die Gründungs-

---

[206]	*Piksin*, WiRO 2005, 1.
[207]	*Balashova/Wedde*, WiRO 2007, 140; *Gretchichnikova*, WiRO 2002, 289.
[208]	*Scharf*, S. 66.
[209]	*Scharf*, S. 70.
[210]	*Scharf*, S. 73.
[211]	*Scharf*, S. 73.
[212]	*ErfK/Preis*, § 611 BGB, Rn. 202 ff.; *Hromadka/Maschmann*, § 2, Rn. 67.
[213]	*EuGH* v. 15.07.1964, Slg 64, 1251 – Costa; *ErfK/Preis*, § 611 BGB, Rn. 202; *Küttner – Kania*, EU-Recht, Rn. 3, 36.

und Änderungsverträge der Europäischen Gemeinschaft[214]. Darin sind bspw. die Grundfreiheiten, wie die Arbeitnehmerfreizügigkeit gem. Art. 39 EGV und die Dienstleistungsfreiheit gem. Art. 49 EGV geregelt. Die Gemeinschaftsorgane der Europäischen Union können sogenanntes Sekundärrecht nach Maßgabe der Gründungsverträge in Form von Verordnungen oder Richtlinien erlassen[215], wobei die Richtlinien grundsätzlich vom jeweiligen nationalen Gesetzgeber umgesetzt werden müssen[216].

Die Grundrechtsnormen stehen an erster Stelle der nationalen Rechtsquellen[217], wie z.B. die Berufsfreiheit gem. Art. 12 GG bzw. die in Art. 9 GG geregelte Koalitionsfreiheit.

Im Rang danach finden die einfachen Gesetze Anwendung. In Deutschland sind die arbeitsrechtlichen Normen in verschiedenen Spezialgesetzen geregelt. Dazu gehören bspw. das: KSchG, EntgeltFG, ArbGG, BUrlG. Eine Vielzahl der Normen findet sich darüber hinaus in Gesetzen wie dem SGB oder BGB.

Weitere arbeitsrechtliche Normierungen können in Rechtsverordnungen (wie z.B. in der Ausbildungsordnung) oder Satzungen (wie z.B. in der Prüfungsordnung der IHK) bzw. in Tarifverträgen, Betriebsvereinbarungen oder Arbeitsverträgen enthalten sein[218].

Eine Gemeinsamkeit zwischen den deutschen und russischen Rechtsquellen besteht in dem gleichartigen Aufbau der Rangordnung. Ein wesentlicher Unterschied ergibt sich jedoch aus der Mitgliedschaft Deutschlands in der Europäischen Union, wodurch das Gemeinschaftsrecht beachtet werden muss[219].

Im Gegensatz zu Russland verfügt Deutschland über kein Arbeitsgesetzbuch, indem die wesentlichen arbeitsrechtlichen Vorschriften zusammengefasst sind. Dies führt zu einer unübersichtlichen Vielzahl von Vorschriften in unterschiedlichen Gesetzen.

Ebenso fremd sind dem deutschen Recht die im russischen Recht normativ wirkenden Erläuterungen des Plenums des obersten Gerichtes. Gem. Art. 97 Abs. 1 GG ist der Richter in seiner Entscheidung unabhängig und nur dem Gesetz unterworfen. Demzufolge ist er berechtigt, von der

---

[214] *Küttner – Kania*, EU-Recht, Rn. 1; *Schiek*, S. 68.
[215] *Schiek*, S. 85 f.
[216] *Küttner* – Kania, EU-Recht, Rn. 1; *Schiek*, S. 86.
[217] *ErfK/Preis*, § 611 BGB, Rn. 203.
[218] *ErfK/Preis*, § 611 BGB, Rn. 209 ff.
[219] *ErfK/Preis*, § 611 BGB, Rn. 202.

Rechtsauffassung eines übergeordneten Gerichts abzuweichen oder bisherige Rechtsprechung zu ändern[220].

c. Besondere Rechtsquellen im Hinblick auf die Entsendung

aa. Entsenderichtlinie

Wie bereits vorstehend herausgearbeitet wurde, ist Deutschland Mitglied der EU und somit verpflichtet, Gemeinschaftsrecht einzuhalten. Die EU hat hinsichtlich der Problematik der Entsendung von Arbeitnehmern im Rahmen der Erbringung von Dienstleistungen die sogenannte Entsenderichtlinie[221] erlassen, welche durch die Anpassung des AEntG[222] in nationales Recht umgesetzt wurde. Ziel dieser Richtlinie ist es, den länderübergreifenden Dienstleistungsverkehr zwischen den Mitgliedstaaten zu fördern[223] und Mindeststandards hinsichtlich Lohn- und Arbeitsbedingungen festzulegen[224]. Fraglich ist, ob diese Richtlinie auch für die Entsendung von Mitarbeitern von Deutschland nach Russland maßgeblich ist. Dies ist zu verneinen, da der Anwendungsbereich des Art. 1 der Richtlinie 96/71/EG lediglich die Entsendung von einem Mitgliedstaat in einen anderen Mitgliedstaat regelt. Demzufolge sind die Regelungen der Entsendungsrichtlinie nicht auf den hiesigen Entsendungsfall anzuwenden.

bb. Arbeitnehmerüberlassungsgesetz

Im Zusammenhang mit der Entsendung bzw. Versetzung von Personal ins Ausland ergibt sich die Frage, ob möglicherweise die erheblichen Beschränkungen des deutschen Arbeitnehmerüberlassungsgesetzes (AÜG) auf die Entsendung von Mitarbeitern Anwendung finden, insbesondere die Erlaubnispflicht gem. § 1 AÜG.

Der Anwendungsbereich des AÜG ist erfüllt, sofern ein Verleiher (selbständiger Unternehmer) bei ihm angestellte Arbeitnehmer einem Dritten (Entleiher) gewerbsmäßig zur Arbeitsleistung überlässt[225]. Für den

---

[220] BVerwG, NJW 1996, 867; *Jarass/Pieroth*, Art. 97, Rn. 7.

[221] Richtlinie 96/71/EG des Europäischen Parlaments und des Rates vom 16.12.1996 über die Entsendung von Arbeitnehmern im Rahmen der Erbringung von Dienstleistungen, Amtsblatt Nr. L 018 v. 21.01.1997, S. 0001 – 0006.

[222] Gesetz zu Korrekturen in der Sozialversicherung und zur Sicherung der Arbeitnehmerrechte v. 19.12.1998, BGBl. I, S. 3843.

[223] Erwägungsgrund 5, Richtlinie 96/71/EG des Europäischen Parlaments und des Rates v. 16.12.1996; *Koberski/Asshoff/Hold*, Einleitung, Rn. 17.

[224] *Calliess/Ruffert – Kluth*, EGV Art. 52 Rn. 31.

[225] *Dütz*, Rn. 129.

konkreten Fall müsste demnach ein deutsches Unternehmen (als Verleiher) einem russischen Unternehmen (Entleiher) Arbeitnehmer für die Tätigkeit in Russland zur Verfügung stellen.

Zwischen den Parteien besteht ein sogenanntes Dreiecksverhältnis, wofür das AÜG besondere Regelungen vorsieht. Im Rahmen des Dreiecksverhältnisses besteht zwischen dem Leiharbeitnehmer und dem Verleiher (deutsches Unternehmen) als Arbeitgeber ein gewöhnlicher Arbeitsvertrag. Dieser berechtigt den Verleiher dazu, den Leiharbeitnehmer an den Entleiher zu überlassen und legt die weiteren arbeitsvertraglichen Rechte und Pflichten fest.

Zwischen dem Ver- und Entleiher wird der sogenannte Arbeitnehmerüberlassungsvertrag geschlossen, welcher die Konditionen regelt, zu denen der Arbeitnehmer entsandt wird.

Eine vertragliche Bindung zwischen dem Entleiher (russisches Unternehmen) und dem Arbeitnehmer fehlt in dieser Konstruktion gänzlich. Lediglich bei Unwirksamkeit des Arbeitnehmerüberlassungsvertrages führt dies gem. § 10 AÜG zur gesetzlichen Fiktion, dass ein Arbeitsverhältnis zwischen Entleiher und Leiharbeitnehmer zustande kommt.

Zu prüfen ist, ob dieses Modell mit den zwingenden Vorschriften des russischen Arbeitsrechts vereinbar ist. Die Aufenthalts- und migrationsrechtlichen Vorschriften der RF setzen für eine ausländische Tätigkeit zwingend einen Arbeitsvertrag mit dem russischen Unternehmen voraus. Dies ist bei der Arbeitnehmerüberlassung nicht vorgesehen und widerspricht somit den zwingenden Vorschriften des russischen Arbeitsrechts.

Bedenkt man, dass das AÜG aufgrund seiner ordnungs- und sozialpolitischen Zwecke möglicherweise vom Art. 9 Rom I-VO (alt Art. 34 EGBGB) als Eingriffsnorm erfasst wird[226], könnte es bei deutscher Rechtswahl zur Konkurrenz zwischen den eventuell international zwingenden Normen des AÜG (Art. 9 Rom I-VO) und den vorstehend genannten zwingenden Vorschriften des russischen Rechts kommen (Art. 8 Abs. 1 Rom I-VO).

Art. 9 Rom I-VO definiert den Begriff der Eingriffsnorm als Vorschrift, deren Einhaltung von einem Staat als so entscheidend für die Wahrung seiner öffentlichen Interessen, insbesondere seiner politischen, sozialen oder wirtschaftlichen Organisation, angesehen wird, dass sie ungeachtet des nach Maßgabe der Rom I-VO auf den Vertrag anzuwendenden Rechts auf

---

[226] *Schüren- Riederer von Paar*, Einleitung Rn. 678.

alle Sachverhalte anzuwenden sind, die in ihren Anwendungsbereich fallen.

Ob im hiesigen Fall das AÜG international zwingende Vorschriften enthält, ist durch Auslegung zu ermitteln, wobei die Anwendung der Auslegungskriterien unsicher ist[227]. In Deutschland herrscht die überwiegende Ansicht, dass für den Bereich der vertraglichen Schuldverhältnisse bereits durch Art. 4 ff. Rom I-VO (alt Art. 27 ff. EGBGB) eine abschließende Regelung zur Bestimmung des anwendbaren Rechts gegeben sei[228]. In diesen Vorschriften wurde durch den Gesetzgeber eine ausreichende Abwägung der Individualinteressen der Parteien vorgenommen. Demzufolge wäre eine international zwingende Norm lediglich erforderlich, wenn sie darüber hinaus auch auf öffentliche Interessen gerichtet wäre[229].

Das AÜG verfolgt Gemeinwohlinteressen z.B. die sozialschädliche Bekämpfung illegaler Leiharbeit[230], d.h. die Tätigkeit ohne Erlaubnis sowie die Schaffung von Voraussetzungen für legale gewerbsmäßige Arbeitnehmerüberlassung[231]. Trotz dieses öffentlichen Interesses war bisher umstritten, ob das AÜG international zwingende Vorschriften i.S.v. Art. 9 Rom I-VO beinhaltet[232]. Der Gesetzgeber hat durch Rückgriff auf § 2 AEntG klargestellt, dass *„die in Rechts- oder Verwaltungsvorschriften enthaltenen Regelungen über die Bedingungen für die Überlassung von Arbeitskräften, insbesondere durch Leiharbeitunternehmen, auch auf Arbeitsverhältnisse zwischen einem im Ausland ansässigen Arbeitgeber und seinen im Inland beschäftigten Arbeitnehmern und Arbeitnehmerinnen zwingend Anwendung"* finden. Diese gesetzliche Regelung begründet jedoch lediglich die international zwingende Anwendung des AÜG bei der Beschäftigung von Leiharbeitern in Deutschland[233]. Die Entsendung von Deutschland in die RF behandelt gerade den umgekehrten Fall, welche keine Tätigkeit in Deutschland vorsieht. Somit wäre durch Auslegung des Gesetzes nach Sinn und Zweck zu prüfen, ob die Regelungen des AÜG dennoch Eingriffsnormen darstellen[234].

---

[227]   *MüKo – IPR – Martiny*, Art. 9 Rom I-VO, Rn. 9 ff; *Müller*, S. 13.

[228]   *Müller*, S. 14.

[229]   *Müller*, S. 14.

[230]   *BT-Drs.* 6/2303 S. 9 f.; *Schüren – Riederer von Paar*, Einleitung Rn. 677.

[231]   *Boemke/Lembke*, Kap. A, Einleitung, Rn. 1.

[232]   *Staudinger – Magnus*, Art. 30 EGBGB, Rn. 171 m.w.N.; dafür: *Junker*, RIW 2001, 94, 102.

[233]   *Boemke/Lembke*, Kap. B, Rn. 1; *MüKo – IPR – Martiny*, Art. 8 Rom I-VO, Rn. 123; *Müller*, S. 393.

[234]   *MüKo – IPR – Martiny*, Art. 9 Rom I-VO, Rn. 9 ff.

Das Konstrukt der Arbeitnehmerüberlassung birgt für den Arbeitnehmer ein erhebliches Risiko, da der Leiharbeitnehmer lediglich einen Vertrag mit dem Verleiher abschließt, der keine größeren Betriebsmittel vorhält[235]. Der Arbeitnehmer ist dementsprechend hinsichtlich seiner Lohnansprüche auf die Erfüllung der vertraglichen Verpflichtungen zwischen Ver- und Entleiher angewiesen. Bleibt die Lohnzahlung aus, hat der Arbeitnehmer grundsätzlich keine Ansprüche gegen den Entleiher[236]. Zudem ist i.d.r. die Geltendmachung der Ansprüche gegen den Verleiher nicht befriedigend, da kaum Betriebsmittel vorhanden sind, welche die Lohnansprüche absichern.

Dieses Beispiel verdeutlicht die schützenswerte Position des Arbeitnehmers bei der Arbeitnehmerüberlassung. Das aufgezeigte individualrechtliche Interesse spricht eher für die Einordnung des AÜG als zwingende Vorschrift i.s.d. Art. 8 Abs. 1 Rom I-VO.

Neben dem Zweck des AÜG den Arbeitnehmer vor diesem risikoreichen Beschäftigungsverhältnis zu schützen, steht der öffentliche sozialpolitische Zweck der Bekämpfung der illegalen Leiharbeit[237]. Dieser findet maßgeblich in der Erlaubnispflicht des § 1 AÜG Ausdruck, wonach jede Arbeitnehmerüberlassung i.s.d. AÜG einer Erlaubnis bedarf. Das generelle Vorhandensein eines Genehmigungserfordernisses spricht zwar grundsätzlich für ein gesteigertes staatliches Interesse an der Durchsetzung der Norm, jedoch lässt dieses Kriterium keinen zwingenden Schluss auf den international zwingenden Charakter einer Norm zu[238].

Eine weitere Auslegung dieser und der weiteren Normen des AÜG soll an dieser Stelle nicht erfolgen, dies würde den Rahmen der Ausarbeitung sprengen. Demnach bleibt an dieser Stelle offen, ob hier eine Eingriffsnorm besteht.

Selbst wenn über Art. 9 Rom I-VO bestimmte Normen des AÜG sich als zwingende Eingriffsnormen gegen russisches Recht durchsetzen würden, käme dieses lediglich bei gewerbsmäßigen Arbeitnehmerüberlassungen zur Anwendung[239].

Das AÜG definiert den Begriff der Gewerbsmäßigkeit nicht. Die h. M. der Rechtsprechung ist der Auffassung, dass der Begriff im gewerberechtli-

---

235   *Schiek*, S. 164.
236   *Schiek*, S. 164.
237   *BT-Drs.* 6/2303 S. 9 f.; *ErfK/Wank*, AÜG, Einleitung, Rn. 38; *Schüren – Riederer von Paar*, Einleitung Rn. 677.
238   *Looschelders*, Art. 34, Rn. 10.
239   *Boemke/Lembke*, Kap. A, Einleitung, Rn. 9 ff; *ErfK/Wank*, AÜG, Einleitung, Rn. 13; *Schüren – Hamann*, AÜG § 1 Erlaubnispflicht, Rn. 233; *Ulber*, § 1 Rn. 146.

chen Sinn zu verstehen ist. Danach ist als gewerbsmäßig jede nicht nur gelegentliche, sondern auf eine bestimmte Dauer angelegte und auf die Erzielung unmittelbarer oder mittelbarer wirtschaftlicher Vorteile gerichtete selbständige Tätigkeit anzusehen[240].

Eine Entsendung wird als gewerblich eingestuft, wenn eine Gewinnerzielungsabsicht des Verleihers vorliegt[241]. Dies ist anzunehmen, wenn das Entgelt, welches der Entleiher für die Zurverfügungstellung des Arbeitnehmers zahlt, die tatsächlichen Personalkosten des Verleihers übersteigt[242]. Besonders zu berücksichtigen ist dabei, dass es nicht nur auf Zahlungen in Geld, sondern auf alle geldwerten Gegenleistungen ankommt, wie z.B. die Bereitstellung von Materialien und Geräten[243]. In den häufigsten Entsendungsfällen handelt es sich um keine gewerbsmäßige Arbeitnehmerüberlassung, sondern eher um die Überlassung an Tochtergesellschaften oder Repräsentanzen zum Know-how-Transfer; infolgedessen findet das AÜG hier keine Anwendung.

Darüber hinaus sieht das Gesetz für Arbeitnehmerüberlassungen innerhalb des Konzerns Erleichterungen vor. Nach § 1 Abs. 3 Nr. 2 findet das Gesetz nur teilweise Anwendung und die Arbeitnehmerüberlassung bedarf keiner Erlaubnis, wenn die Überlassung nur vorübergehend innerhalb des Konzerns i.S.d. § 18 AktG erfolgt. Die Rechtsprechung legt sowohl den Begriff *„vorübergehend"*, als auch den des Konzerns weit aus. Vorübergehend ist somit jedes Arbeitsverhältnis, was nicht auf eine endgültige Dauer festgelegt wird[244] und der Konzernbegriff gem. § 18 AktG umfasst alle denkbaren Konzerne, wobei nicht einmal die Beteiligung einer deutschen Aktiengesellschaft vorausgesetzt wird[245].

Somit käme i.d.R. bei nicht gewerbsmäßigen Entsendungen bzw. Entsendungen innerhalb eines Konzerns das AÜG nicht bzw. nur teilweise zur Anwendung.

---

[240] *BAG* v. 10.02.1977, AP Nr. 9 zu § 103 BetrVG 1972; *BAG* v. 21.03.1990, AP Nr. 15 zu § 1 AÜG; *BAG* v. 18.02.2003, EZA § 10 AÜG Nr. 11; *BAG* v. 20.04.2005, NZA 2005, 1006; *BAG* v. 24.08.2006, NZA 2007, 1291; *BVerwG* v. 13.09.2007, EzAÜG § 1 AÜG Erlaubnispflicht Nr. 28.
[241] *BAG* v. 10.02.1977, AP Nr. 9 zu § 103 BetrVG 1972; *Schüren- Hamann*, AÜG § 1 Erlaubnispflicht, Rn. 268.
[242] *BAG* v. 20.4.2005, NZA 2005, 1006; *Schüren- Hamann*, AÜG § 1 Erlaubnispflicht, Rn. 268.
[243] *Schüren- Hamann*, AÜG § 1 Erlaubnispflicht, Rn. 268 f.
[244] *ErfK/Wank*, AÜG § 1, Rn. 92; *Schüren – Schüren* § 1 Rn. 752 ff. m.w.N.
[245] *ErfK/Wank*, AÜG § 1, Rn. 87; *Schüren – Schüren* § 1 Rn. 731 ff. m.w.N.

Insgesamt betrachtet kann festgestellt werden, dass das Modell der Arbeitnehmerüberlassung nicht mit den zwingenden russischen Vorschriften vereinbar ist. Die zwingenden Vorschriften des russischen Rechts könnten lediglich in Konkurrenz mit dem AÜG treten, sofern diese Vorschriften einen international zwingenden Charakter aufweisen würden. Wäre dies der Fall, würde sich nur ein sehr schmaler Anwendungsbereich des AÜG für gewerbsmäßige Entsendungen eröffnen.

2. Begründung des Arbeitsverhältnisses im russischen Recht

a. Vertragsschluss

In Russland ist es gem. Art. 67 ArbGB erforderlich, mit jedem Mitarbeiter einen Arbeitsvertrag in Schriftform abzuschließen. Für den Vertragsschluss kommt es auf die beiden übereinstimmenden Willenserklärungen zwischen Arbeitnehmer und Arbeitgeber an[246].

Ein Arbeitsverhältnis kommt auch ohne Vertragsschluss zustande, wenn der Arbeitnehmer wissentlich bzw. im Auftrag des Arbeitgebers die Arbeit aufnimmt (Art. 67 Abs. 2 ArbGB). Bei Begründung eines solchen faktischen Arbeitsverhältnisses ist der Arbeitgeber gem. Art. 67 Abs. 2 ArbGB verpflichtet, innerhalb von drei Tagen einen schriftlichen Arbeitsvertrag mit dem Arbeitnehmer zu schließen. Auf diese Vorschrift wird bereits an dieser Stelle besonders hingewiesen, da dieser Aspekt in der weiteren Betrachtung von Bedeutung ist.

b. Bei Vertragsschluss vorzulegende Unterlagen

Das russische Arbeitsrecht ist sehr formalistisch ausgestaltet. Demnach gibt es strikte Vorgaben, welche Dokumente bei Abschluss eines Arbeitsvertrages vorgelegt werden müssen. Art. 65 ArbGB enthält eine abschließende Auflistung dieser Dokumente:

- Pass,

- Arbeitsbuch,

- Bestätigungen über die berufliche Qualifikation (Diplom, Ausbildungszeugnisse),

- Bescheinigungen über geleisteten Wehrdienst und

---

[246] *Henssler/Hegewald*, S. 1180.

- Versicherungsschein der staatlichen Rentenversicherung (bei Erst-einstellung hat der Arbeitgeber eine Bescheinigung über die Rentenversicherung auszustellen).

Für jeden Arbeitnehmer, der mehr als fünf Tage nicht nur eine Nebentätigkeit im Unternehmen ausgeübt hat, ist der Arbeitgeber verpflichtet, ein Arbeitsbuch anzulegen[247].

Das Arbeitsbuch gilt als aussagekräftigste Informationsquelle über den Arbeitnehmer. Es soll gem. Art. 66 Abs. 1 ArbGB die vom Arbeitnehmer ausgeübten Tätigkeiten und deren Dauer enthalten. Zudem werden nach Art. 66 ArbGB die Angaben des Arbeitnehmers, Auszeichnungen und Arbeitserfolge sowie dauerhafte Versetzungen, Entlassungen und die Beendigungsgründe in das Arbeitsbuch aufgenommen[248].

Schließt der Arbeitnehmer zum ersten Mal einen Arbeitsvertrag ab bzw. fehlt das Arbeitsbuch aufgrund von Verlust oder aus einem anderen Grund, so ist der Arbeitgeber nach Art. 65 Abs. 5 ArbGB nach schriftlichem Antrag durch den Arbeitnehmer und unter Angabe des Grundes verpflichtet, ein neues Arbeitsbuch für den Arbeitnehmer anzulegen.

3. Beendigung des Arbeitsvertrages

Regelungen über die Beendigung von Arbeitsverhältnissen im russischen Arbeitsrecht sind in den Art. 77 ff. ArbGB enthalten. Diese Bestimmungen sind u. U. auch bei der Beendigung von Entsendungsverträgen zu beachten. Darin wird im Wesentlichen unterschieden nach:

- Beendigung durch Vereinbarung zwischen den Vertragsparteien,
- Beendigung durch Ablauf einer Frist,
- Beendigung durch Kündigung von Seiten des Arbeitnehmers bzw. Arbeitgebers.

Im russischen Recht müssen eine Reihe von Formalien bei der Beendigung eines Arbeitsverhältnisses beachtet werden. Zunächst muss die Beendigung des Arbeitsverhältnisses gem. Art. 66 ArbGB in das Arbeitsbuch des Arbeitnehmers eingetragen werden. Hierbei sind die Gründe für die Beendigung mit aufzunehmen. Zudem hat der Arbeitnehmer nach Art. 84.1 ArbGB auf schriftlichen Antrag einen Anspruch auf Aushändigung seines Arbeitsbuches an seinem letzten Arbeitstag.

---

[247] *Henssler/Hegewald*, S. 1183.
[248] *Henssler/Hegewald*, S. 1183.

Ferner ist zu beachten, dass der Arbeitnehmer in bestimmten Fällen Anspruch auf Zahlung eines Entlassungsgeldes hat (s. Art. 178 und 181 ArbGB).

a. einvernehmliche Beendigung

aa. Im russischen Recht

Das Arbeitsverhältnis kann nach Art. 78 ArbGB durch Vereinbarung zwischen den Vertragsparteien jederzeit beendet werden. Gewöhnlich werden in solchen Verträgen Abfindungsregelungen zugunsten des Arbeitnehmers vereinbart.

In der Praxis stellt diese Möglichkeit der Beendigung des Arbeitsverhältnisses für den Arbeitgeber die einfachste Variante dar, da er keinen Nachweis über eventuelle Pflichtverletzungen des Arbeitnehmers erbringen muss.

Erfolgt die einvernehmliche Beendigung auf Initiative des Arbeitgebers, ist besonders auf die Ausgestaltung und Erfüllung der Vereinbarung und auf den Ablauf der Unterzeichnung zu achten, um einen späteren Einwand des Arbeitnehmers zu umgehen, er hätte die Vereinbarung unter Zwang unterzeichnet. Demnach sollte eine entsprechende einvernehmliche Beendigung stets schriftlich verfasst werden[249].

Die einvernehmliche Beendigung insbesondere von leitenden Angestellten hat für den Arbeitgeber den Vorteil, dass er beim Aufhebungsvertrag keine gesetzlich vorgesehene Mindestabfindungshöhe von drei Monatsgehältern zahlen muss, wie dies bei der Kündigung der Fall ist.

bb. Vergleichende Darstellung zum deutschen Recht

Im deutschen Recht können Arbeitnehmer und Arbeitgeber ebenfalls eine einvernehmliche Beendigung durch einen Aufhebungsvertrag nach § 311 Abs. 1 BGB vereinbaren. Dieser unterscheidet sich nicht wesentlich von den russischen Regelungen.

Im Gegensatz zum russischen Recht bedarf der Aufhebungsvertrag in Deutschland der Schriftform gem. §§ 623, 126, 125 S. 1 BGB. Oftmals wird in diesem Zusammenhang dem deutschen Arbeitnehmer zusammen mit dem Aufhebungsvertrag eine sogenannte Ausgleichsquittung vorgelegt. Diese stellt eine Verzichtserklärung dar, worin der Arbeitnehmer erklärt,

---

[249] *Henssler/Hegewald*, S. 1194.

keine Ansprüche aus dem beendeten Arbeitsverhältnis zu haben[250]. Auch bei dieser Erklärung sollte der Arbeitgeber zwingend auf die Umstände der Unterzeichnung achten, da infolge einer unwirksamen Ausgleichsquittung in der Praxis zumeist Rechtsstreitigkeiten aus dem Arbeitsverhältnis entstehen.

b. Beendigung befristeter Verträge

aa. Im russischen Recht

Ein befristetes Arbeitsverhältnis endet gem. Art. 77 Abs. 1 Nr. 2, 79 Abs. 1 ArbGB mit dem Ablauf der vereinbarten Frist oder Erreichen des Zweckes. Allerdings ist der Arbeitgeber nach Art. 79 ArbGB verpflichtet, dem Arbeitnehmer spätestens drei Tage vor Ablauf der Befristung die Beendigung des Arbeitsverhältnisses schriftlich mitzuteilen[251]. Bei der Beendigung eines befristeten Arbeitsverhältnisses mit dem russischen Einsatzunternehmen im Rahmen des Übertritts muss diese Frist ebenfalls beachtet werden. Erfolgt dies nicht, gilt der Vertrag nach Art. 58 ArbGB als auf unbestimmte Zeit verlängert. Dies ist ebenfalls anzunehmen, wenn der Arbeitnehmer seine Tätigkeit über die Befristung hinaus fortsetzt[252].

bb. Vergleichende Darstellung zum deutschen Recht

In Deutschland endet ein befristetes Arbeitsverhältnis nach § 620 Abs. 1, 3 BGB und § 15 Abs. 1 TzBfG ebenfalls mit Ablauf der Frist bzw. mit Erreichen des Zweckes, jedoch bedarf es hierbei grundsätzlich keiner Kündigung[253]. Im Falle einer Zweckbefristung oder auflösenden Bedingung ist nach §§ 15 Abs. 2, 21 TzBfG eine schriftliche Mitteilung durch den Arbeitgeber zwei Wochen vor Beendigung des Arbeitsverhältnisses erforderlich.

Somit ergeben sich nur geringe Unterschiede bezüglich der Beendigung von befristeten Arbeitsverhältnissen zwischen den beiden Rechtsordnungen.

---

[250]   *Hromadka/Maschmann*, § 7, Rn. 74; *Preis*, § 28, S. 308 f.

[251]   *Breidenbach – Albertini v.*, RUS, Kap. D.X, Rn. 103, *Piksin*, WiRO 2005, 1, 5.

[252]   *Piksin*, WiRO 2005, 1, 5.

[253]   *Dütz*, Rn. 268.

c. Beendigung unbefristeter Verträge

aa. Kündigung durch den Arbeitgeber

aaa. Im russischen Recht

Ein Übertritt kann auch auf einem unbefristeten Vertragsverhältnis beruhen.

Der Arbeitnehmer kann vom Arbeitgeber in diesem Fall nur aufgrund der durch das Gesetz vorgesehenen Kündigungsgründe gekündigt werden. Dazu enthält Art. 81 ArbGB einen umfassenden Katalog, in welchen Fällen eine Kündigung möglich ist. Die darin aufgelisteten Kündigungsgründe lassen sich grob in vier Fallgruppen unterteilen: betriebsbedingte-, personenbedingte-, verhaltensbedingte- und funktionsbedingte Kündigungsgründe. Der Kündigungsakt erfordert gem. Art. 84.1 ArbGB den Erlass einer Anordnung durch den Arbeitgeber, welche den Kündigungsgrund enthalten muss.

Die erste Gruppe umfasst betriebsbedingte Kündigungsgründe, wie u.a. die Liquidation des Unternehmens (Art. 81 Abs. 1 Nr. 1 ArbGB), den Eigentumsübergang des Unternehmens (Art. 81 Abs. 1 Nr. 4 ArbGB; betrifft lediglich Geschäftsführer, Stellvertreter oder Hauptbuchhalter) oder den Personal- und Stellenabbau (Art. 81 Abs. 1 Nr. 2 ArbGB).

Im Falle des Stellenabbaus ist nach Art. 81 Abs. 2 ArbGB vor der Kündigung zu prüfen, ob der Arbeitnehmer innerhalb des Unternehmens am gleichen Ort versetzt werden kann und somit eine Kündigung nicht erforderlich wäre[254]. Außerdem ist bei einer Kündigung wegen Stellenabbaus Art. 179 ArbGB zu beachten, der eine Sozialauswahl vorsieht. Danach steht der Schutz der Familie im Vordergrund.

Sollen Kündigungen vorgenommen werden um einen Stellenabbau zu erreichen, hat der Arbeitgeber den Arbeitnehmer mindestens zwei Monate vor der Kündigung schriftlich gegen Unterschrift davon zu unterrichten[255].

Der zweiten Gruppe sind die personenbedingten Kündigungsgründe zuzuordnen. Dazu zählen bspw. das Vorliegen einer mangelnden Eignung des Arbeitnehmers für die zu besetzende Stelle oder auszuführende Tätigkeit[256] (wie z.B. Gesundheitszustand oder mangelnde Qualifikation gem. Art. 81 Abs. 1 Nr. 3 ArbGB). Dass der Arbeitnehmer für die Tätigkeit

---

[254]   *Piksin*, WiRO 2005, 1, 8.
[255]   *Henssler/Hegewald*, S. 1200.
[256]   *Breidenbach – Albertini v.*, RUS, Kap. D.X, Rn. 117.

ungeeignet ist, muss durch innerbetriebliche Verfahren oder nach Maßgabe der föderalen Gesetze bestätigt werden[257]. So ist bspw. der Gesundheitszustand eines Arbeitnehmers durch ein Attest und die Qualifikation durch eine Eignungsprüfung nachzuweisen.

Die dritte Gruppe umfasst verhaltensbedingte Kündigungsgründe. Danach ist eine Kündigung durch den Arbeitgeber zulässig, wenn der Arbeitnehmer bspw. seine Pflichten aus dem Arbeitsvertrag verletzt, ohne dass wichtige Gründe dies rechtfertigen und disziplinarische Maßnahmen gem. Art. 192 ArbGB, wie Verweis oder Rüge, keinen Erfolg gebracht haben.

Zu beachten ist dabei, dass der Arbeitgeber die Beweislast für sämtliche Tatsachen bezüglich des Nachweises der schwerwiegenden Pflichtverletzung zu tragen hat[258]. Somit obliegt dem Arbeitgeber z.B. der Nachweis, dass er die gem. Art. 193 ArbGB geforderten Fristen bei der Durchführung des Disziplinarverfahrens eingehalten hat und dass die Pflichtverletzung tatsächlich einen Grund für die Kündigung darstellt.

Um diesen Anforderungen gerecht zu werden, ist in der Praxis folgender Ablauf zu empfehlen: Zunächst ist es sinnvoll, dass der Arbeitgeber nach Feststellen der Pflichtverletzung vom Arbeitnehmer nach Art. 193 Abs. 1 ArbGB eine schriftliche Erklärung verlangt. Liegt diese nach Ablauf von zwei Tagen nicht vor, ist in Gegenwart eines Zeugen ein Protokoll aufzunehmen[259]. Nun hat der Arbeitgeber dem Arbeitnehmer eine Disziplinarstrafe anzuordnen. Diese muss dem Arbeitnehmer nach Art. 193 ArbGB spätestens drei Werktage nach dem Erlass gegen Unterschrift bekannt gegeben werden. Erst nach diesem Prozedere kann die Kündigung durch den Arbeitgeber erfolgen.

Ein verhaltensbedingter Kündigungsgrund kann bereits bei einem einmaligen Verstoß gem. Art. 81 Abs. 1 Nr. 6 ArbGB vorliegen. Dies ist nach dem Arbeitsgesetzbuch u.a. gegeben, wenn der Arbeitnehmer mehr als vier aufeinanderfolgende Stunden unentschuldigt vom Arbeitsplatz fernbleibt, am Arbeitsplatz betrunken oder durch andere Rauschmittel betäubt erscheint, gesetzlich geschützte Geheimnisse verrät, Diebstahl, Täuschung oder eine folgenschwere Verletzung der Arbeitsschutzbestimmungen begeht.

---

[257]   *Piksin*, WiRO 2005, 1, 5.
[258]   *Oberstes Gericht der RF*, Verfügung Nr. 2 des Plenums „Über die Anwendung des Arbeitsgesetzbuchs der RF durch die Gerichte der RF" vom 17.03.2004, Pkt. 34.
[259]   *Henssler/Hegewald*, S. 1196.

Die vierte Gruppe umfasst über verhaltensbedingte Kündigungsgründe hinaus Gründe, die aufgrund einer bestimmten Stellung des Arbeitnehmers im Unternehmen bestehen. Dies ist bspw. der Fall, wenn ein Unternehmensleiter unverantwortliche Entscheidungen[260] trifft, die zu einem Vermögensschaden im Unternehmen führen (Art. 81 Abs. 1 Nr. 9 und 10 ArbGB) oder wenn ein mit Geld oder Waren betrauter Arbeitnehmer schuldhafte Handlungen vornimmt, die zu einem Vertrauensverlust seitens des Arbeitgebers führen (Art. 81 Abs. 1 Nr. 7 ArbGB).

Kündigungen, die auf einer schuldhaften Handlung beruhen, müssen gem. Art. 193 ArbGB spätestens einen Monat nach Bekanntwerden des Verstoßes und innerhalb von sechs Monaten nach Eintritt des Vorfalls erfolgen. Dies gilt nicht, wenn im Rahmen einer betriebsinternen Kontrollprüfung ein Verstoß festgestellt wird. Hier gilt eine Frist von zwei Jahren ab der Vornahme der schuldhaften Handlung[261].

bbb. Vergleichende Darstellung zum deutschen Recht

Im deutschen Recht wird systematisch weniger danach unterschieden, von wem die Kündigung ausgeht, sondern ob es sich um eine ordentliche oder außerordentliche Kündigung handelt.

Die ordentliche Kündigung gem. §§ 620 Abs. 2, 621, 622 BGB ist in Deutschland die häufigste Form der Beendigung von Arbeitsverhältnissen. Außerordentlich kann ein Arbeitsvertrag nach § 626 BGB nur aus wichtigem Grund gekündigt werden, wenn dem Arbeitgeber eine ordentliche Kündigung nicht zugemutet werden kann.

Der Arbeitgeber als auch der Arbeitnehmer haben bei Kündigungen das Kündigungsschutzgesetz zu beachten, sofern dieses gem. §§ 1 Abs. 1, 23 KSchG Anwendung findet.

Dies ist gem. §§ 1, 23 KSchG für Arbeitsverträge ab dem Jahre 2004 der Fall, wenn in einem Unternehmen mindestens zehn Arbeitnehmer regelmäßig beschäftigt werden und der Arbeitnehmer mindestens sechs Monate im Unternehmen tätig war.

Sofern das Kündigungsschutzgesetz Anwendung findet, muss eine Kündigung nach § 1 Abs. 2 KSchG sozial gerechtfertigt sein. Dies ist

---

[260]   *Oberstes Gericht der RF,* Verfügung Nr. 2 des Plenums „Über die Anwendung des Arbeitsgesetzbuchs der RF durch die Gerichte der RF" vom 17.03.2004, Pkt. 48.

[261]   *Henssler/Hegewald,* S. 1196 f.

grundsätzlich gegeben, wenn Gründe in der Person (z.B. Krankheit[262], mangelnde Vorbildung, unterdurchschnittliche Leistungsfähigkeit[263]), im Verhalten des Arbeitnehmers (durch schuldhafte Pflichtverletzungen des Arbeitsvertrages wie Trunkenheit am Arbeitsplatz, Beleidigung von Mitarbeitern oder Arbeitgebern[264]) vorliegen sowie dringende betriebliche Gründe, die eine Kündigung erfordern (wie bspw. Absatzmangel, Betriebsstilllegung[265], Rationalisierungsmaßnahmen im Unternehmen[266]).

Bei der Kündigung müssen soziale Gesichtspunkte berücksichtigt werden und der Grundsatz der Verhältnismäßigkeit beachtet werden, wonach alle Möglichkeiten, welche eine Kündigung vermeiden könnten (z.b. Versetzung innerhalb des Unternehmens auf eine andere Stelle), ausgeschöpft werden müssen[267].

Im Gegensatz zu den russischen Kündigungsregelungen – außer im Falle des Stellenabbaus – bestehen im deutschen Recht nach § 622 Abs. 1 BGB Fristen für die ordentliche Kündigung. Danach besteht eine Grundkündigungsfrist *„von vier Wochen zum Fünfzehnten oder zum Ende eines Kalendermonats"*. Darüber hinaus sind die Kündigungsfristen bei längerer Betriebszugehörigkeit bis auf sieben Monate zum Ende eines Kalenderjahres anzuheben.

Eine außerordentliche Kündigung erfordert in Deutschland nach § 626 BGB das Vorliegen eines wichtigen Grundes und das Einhalten der Kündigungserklärungsfrist. Im deutschen Recht versteht man unter einem wichtigen Grund, wenn dem Arbeitgeber *„unter Berücksichtigung aller Umstände des Einzelfalles und unter Abwägung der Interessen"* der Vertragsparteien die Fortsetzung des Arbeitsverhältnisses nicht bis zum Ablauf der ordentlichen Kündigungsfrist zugemutet werden kann. Es handelt sich zumeist um schwerwiegende schuldhafte Pflichtverletzungen des Arbeitnehmers.

Das deutsche Recht fasst hier die im russischen Recht bestehenden funktionsorientierten Kündigungsgründe unter die verhaltensbedingten Gründe.

Nach der deutschen Rechtsprechung liegt ein wichtiger Grund bspw. in den Fällen der Entziehung des Führerscheins wegen Trunkenheit bei

---

262   *ErfK/Oetker*, § 1 KSchG, Rn. 110.
263   *ErfK/Oetker*, § 1 KSchG, Rn. 167; *Dütz*, Rn. 332.
264   *Dütz*, Rn. 333.
265   *ErfK/Oetker*, § 1 KSchG, Rn. 277.
266   *Dütz*, Rn. 336.
267   *BAG*, DB 1985, 1186; *Hromadka/Maschmann*, § 10, Rn. 161.

einem Kraftfahrer[268], bei Diebstahl[269] sowie bei wiederholtem Surfen im Internet für private Zwecke innerhalb der Arbeitszeit[270] vor. Im russischen Recht sind dagegen vergleichbare Kündigungsgründe direkt im Gesetz aufgelistet, wie bspw. in Art. 81 Abs. 1 Nr. 6, 7 ArbGB.

Zudem kann die in Russland für eine Kündigung wegen einer schwerwiegenden Pflichtverletzung erforderliche Disziplinarstrafe mit der deutschen Abmahnung verglichen werden. Beide Mittel verfolgen den Zweck, den Arbeitnehmer auf sein Fehlverhalten hinzuweisen.

Sie sollen den Arbeitnehmer ermahnen, ein solches Verhalten zukünftig zu unterlassen und gleichzeitig, für den Fall, dass keine Besserung eintritt, die Kündigung androhen[271].

Weiterhin ist festzustellen, dass die Frist innerhalb derer der Arbeitgeber die außerordentliche Kündigung aussprechen muss, in Russland mit vier Wochen deutlich höher liegt als in Deutschland. Eine außerordentliche Kündigung muss in Deutschland gem. § 626 Abs. 2 BGB innerhalb von zwei Wochen nach Kenntnis der Tatsachen durch den Kündigungsberechtigten erfolgen.

Ein bedeutender Unterschied zwischen dem russischen und dem deutschen Arbeitsrecht besteht darin, dass nach dem deutschen Recht in der Kündigungserklärung grundsätzlich nicht die Angabe eines Kündigungsgrundes erforderlich ist (außer gem. § 22 Abs. 3 BBiG)[272]. Dieser muss lediglich auf Verlangen des Arbeitnehmers mitgeteilt werden.

Zusammenfassend ist abzuleiten, dass die Kündigung durch den Arbeitgeber im russischen Recht ähnlich wie im deutschen Recht geregelt ist. Dennoch ist es in Russland aufgrund der starren formalen Anforderungen, dem Disziplinarverfahren und der Beweislastregelungen extrem schwierig, Arbeitnehmer durch den Arbeitgeber wirksam zu kündigen.

---

268   *BAG*, DB 1978, 1790.
269   *BAG*, NZA 1985, 91.
270   *BAG*, NZA 2006, 98.
271   *Hromadka/Maschmann*, § 6, Rn. 157a.
272   *Däubler*, Rn. 795.

bb. Kündigung durch den Arbeitnehmer

aaa. Russisches Recht

In Art. 80 ArbGB ist die Kündigung durch den Arbeitnehmer geregelt; sie bedarf der Schriftform und einer Kündigungsfrist von zwei Wochen. Dagegen beträgt die Kündigungsfrist für leitende Angestellte nach Art. 280 ArbGB einen Monat. Die Kündigungsfrist ist im Fall von wichtigen Gründen, wie bspw. bei Erreichen des Ruhestandsalters oder bei Beginn einer Ausbildung auf den Zeitpunkt zu verkürzen, den der Arbeitnehmer in der Kündigung angegeben hat (Art. 80 ArbGB)[273].

Darüber hinaus hat der Arbeitnehmer das Recht, seine Kündigung innerhalb der zweiwöchigen Kündigungsfrist zu widerrufen. Dies hat zur Folge, dass der Arbeitgeber den Arbeitnehmer wieder einstellen muss, es sei denn, er hat die Stelle bereits verbindlich anderweitig vergeben und kann dies nicht einseitig rückgängig machen[274].

bbb. Vergleichende Darstellung zum deutschen Recht

Das deutsche Recht regelt in § 622 Abs. 6 BGB – im Gegensatz zum russischen Recht – lediglich, dass die Kündigungsfristen für Arbeitnehmer nicht länger sein dürfen als die des Arbeitgebers. Darüber hinaus bestehen grundsätzlich keine Sondervorschriften, welche eine arbeitnehmerseitige Kündigung begünstigen.

Daraus lässt sich ableiten, dass die Kündigungsvorschriften für eine Kündigung durch den Arbeitnehmer in Russland weitaus günstiger sind als in Deutschland. Ebenso zeigen die Widerrufsregelung und Wiedereinstellungspflicht des Arbeitgebers, wie arbeitnehmerfreundlich das russische Arbeitsrecht ausgestaltet ist.

---

[273] *Henssler/Hegewald*, S. 1207.
[274] *Breidenbach – Albertini v.*, RUS, Kap. D.X, Rn. 104.

E. Zu den Vertragsmodellen im Einzelnen

I. Übertrittsmodell

Wie bereits unter Ziff. D. I. 1 kurz dargestellt wurde, spricht man von dem Übertrittsmodell, wenn ausschließlich zwischen dem Arbeitnehmer und dem Auslandsunternehmen ein Vertrag abgeschlossen wurde und damit keine Anbindung an die Heimatgesellschaft vorliegt[275].

Die folgende Darstellung unterscheidet zunächst zwischen Verträgen mit einem Arbeitnehmer und einem Geschäftsführer. Es wird das mögliche anwendbare Recht für beide Fallgruppen bestimmt und die wesentlichen Vertragsinhalte im Rahmen einer vergleichenden Darstellung des deutschen und russischen Rechts erörtert.

1. Arbeitnehmer

a. Anwendbares Recht

Grundsätzlich sieht sowohl die russische als auch die deutsche Rechtsordnung die Möglichkeit einer Rechtswahl im Arbeitsrecht vor. Es ist darauf hinzuweisen, dass es sich bei den meisten russischen Arbeitsrechtsvorschriften um Normen mit international zwingendem Charakter handelt, welche sich gegenüber einer deutschen Rechtswahl durchsetzen könnten. Dies ergibt sich aus Art. 11 ArbGB, der das russische Arbeitsrecht auf alle Arbeitnehmer, die in Russland tätig werden, erstreckt. Infolgedessen sind die international zwingenden Vorschriften des Arbeitsrechts auch bei ausländischen Arbeitnehmern zu beachten, die im Rahmen des Übertrittmodells mit der russischen Gesellschaft einen Arbeitsvertrag abgeschlossen haben, wenn sie in Russland tätig werden.

Bei dem Übertritt beabsichtigt der Arbeitnehmer für einen längeren Zeitraum im ausländischen Unternehmen tätig zu werden[276]. Demzufolge verlagert sich der Lebensmittelpunkt des Arbeitnehmers gewöhnlich in das Ausland[277]. Daraus folgt, dass, selbst wenn eine Streitigkeit aus dem Arbeitsverhältnis in Deutschland anhängig gemacht werden würde, es mangels einer Rechtswahl gem. Art. 8 Abs. 2 Rom I-VO zur Anwendung des Rechtes des Staates kommen würde, in dem der Arbeitnehmer gewöhnlich seine Arbeit verrichtet.

---

[275]   *Mütze/Popp*, S. 71.
[276]   *Mütze/Popp*, S. 72.
[277]   *Laws/Koziner/Waldenmaier*, S. 109.

62

Im Falle des Übertrittmodells ist die Frage des gewöhnlichen Arbeitsortes unproblematisch, da keine Bindung mit dem Stammhaus und kein anderes Arbeitsverhältnis bestehen[278]. Demzufolge wäre der gewöhnliche Arbeitsort Russland und somit bei fehlender Rechtswahl russisches Recht anzuwenden[279].

b. Inhalt des Übertrittsvertrages – Notwendige Vertragsinhalte

Der Arbeitnehmer beendet beim Übertrittsmodell zunächst alle Anbindungen zu seinem alten Unternehmen z.b. durch Kündigung oder Aufhebungsvereinbarung[280] (s. Abschnitt D. III. 3), grundsätzlich nach deutschem Recht. Danach schließt der Arbeitnehmer mit dem ausländischen Unternehmen einen Übertrittsvertrag ab.

Diese Vereinbarung zwischen dem Einsatzunternehmen und dem Arbeitnehmer entspricht inhaltlich einem russischen Arbeitsvertrag. Auf den Übertrittsvertrag finden dementsprechend vollumfänglich die Regelungen des russischen ArbGB Anwendung[281].

Die wesentlichen Anforderungen an die Vertragsinhalte im russischen Recht werden im Folgenden vergleichend zum deutschen Recht dargestellt, um die Unterschiede klar herauszustellen, die bei der Vertragsgestaltung Beachtung finden müssen.

Das russische Arbeitsgesetzbuch regelt, welche Angaben in einem Arbeitsvertrag zwingend enthalten sein müssen. Art. 57 ArbGB legt die folgenden Mindestinhalte eines Arbeitsvertrages fest. Danach sind die folgenden „zwingenden Angaben" in den Arbeitsvertrag aufzunehmen:

- Name, Vorname und Vatersname des Arbeitnehmers,
- Bezeichnung des Arbeitgebers bzw. bei natürlichen Personen Name, Vorname und Vatersname,
- Passangaben von Arbeitnehmer und Arbeitgeber (falls natürliche Person),
- bei juristischen Personen Steuernummer sowie
- Angaben über Vertreter des Arbeitgebers und Nachweis seiner Vertretungsmacht.

---

[278] *Mütze/Popp*, S. 71.
[279] *Mauer*, Rn. 367.
[280] *Mütze/Popp*, S. 72.
[281] *Laws/Koziner/Waldenmaier*, S. 129.

Daneben hat der Vertrag gem. Art. 57 Abs. 2 ArbGB u.a. die nachstehenden zwingenden Vereinbarungen zu enthalten:

- Bezeichnung des Arbeitsortes,

- Beginn des Arbeitsverhältnisses,

- Bezeichnung der Aufgaben des Arbeitnehmers (wie sie im Stellenplan der Organisation vorgesehen sind; Angabe der entsprechenden Qualifikation, dem Beruf und der speziellen Tätigkeit),

- Rechte und Pflichten des Arbeitnehmers und Arbeitgebers,

- Darlegung der Arbeitsbedingungen, insbesondere Kompensation bei schweren oder gesundheitsschädlichen bzw. gefährlichen Arbeiten (Zulagen oder Vergünstigungen),

- bei befristeten Arbeitsverträgen Dauer und Grund der Befristung,

- Festlegung der Arbeits- und Pausenzeiten,

- Arbeitsentgeltregelungen (Gehalt, Zuschläge) und

- Angaben über die Sozialversicherung, bei der der Arbeitnehmer während des Arbeitsverhältnisses versichert ist.

Enthält der Arbeitsvertrag die vorstehend genannten notwendigen Vertragsbestandteile nicht, führt dies nach Art. 61 ArbGB nicht zu seiner Unwirksamkeit; vielmehr gilt der Vertrag ab dem vorgesehenen Datum bzw. ab der tatsächlichen Arbeitsaufnahme durch den Arbeitnehmer. Die fehlenden Angaben sind zu ergänzen und in einer gesonderten Vereinbarung beizufügen.

Im deutschen Recht wird grundsätzlich kein Mindestinhalt für Arbeitsverträge vorgeschrieben[282]. Allerdings hat der Arbeitgeber nach § 2 des NachwG einen Monat nach Beginn des Arbeitsverhältnisses die geforderten Vertragsinhalte schriftlich zu bestätigen[283].

Im NachwG werden im Wesentlichen die gleichen Anforderungen an den Arbeitsvertrag gestellt wie im russischen Recht.

Zusätzlich zum russischen Mindestinhalt sieht das Nachweisgesetz die Aufnahme der Kündigungsfristen und einen Hinweis auf die geltenden *„Tarifverträge, Betriebs- oder Dienstvereinbarungen"* vor. Dies soll dem Arbeitnehmer deutlich machen, welche Regelungen auf sein Arbeitsverhältnis Anwendung finden.

---

[282]   *Däubler*, Rn. 473.
[283]   *Däubler*, Rn. 474.

Darüber hinaus enthält § 2 Abs. 2 NachwG Vorschriften für Arbeitnehmer, die länger als einen Monat im Ausland tätig werden. Ein solcher Arbeitsvertrag muss dem Entsandten vor der Abreise ausgehändigt werden und hat zusätzlich Angaben über die Dauer der Auslandstätigkeit, die Währung des Arbeitsentgeltes, zusätzliche Entgelte bzw. Sachleistungen sowie Vereinbarungen über die Rückkehr des Arbeitnehmers zu enthalten. Eine vergleichbare Regelung existiert im russischen Recht nicht.

Im russischen Recht wird als notwendiger Mindestinhalt die Angabe der Sozialversicherung und die Angabe eines Befristungsgrundes gefordert. Dies wird in Deutschland zwar nicht als Mindestinhalt verlangt, aber durch die Vorschriften der §§ 18h Abs. 3 SGB IV und 16 TzBfG erreicht.

Somit ist festzustellen, dass sowohl Russland als auch Deutschland einige formale Anforderungen an den Mindestinhalt von Arbeitsverträgen stellen. Zudem sehen beide Länder den Arbeitsvertrag bei Verletzung der Mindestanforderungen als wirksam an.

aa. Tätigkeit, Einsatzort

aaa. Rechtliche Situation beim Übertritt nach russischem Arbeitsrecht

Die vom Arbeitnehmer auszuführende Tätigkeit wird im russischen Recht als Arbeitsfunktion bezeichnet. Diese muss gem. Art. 57 Abs. 2 ArbGB im Stellenplan des Unternehmens unter Angabe von Beruf, Fachrichtung, erforderlicher Qualifikation und Art der Tätigkeit angegeben werden. Der Arbeitgeber darf nicht einseitig von dieser Tätigkeitsbeschreibung im Arbeitsvertrag abweichen. Soll der Arbeitnehmer gefährliche Tätigkeiten ausführen, die nicht im Arbeitsvertrag vereinbart wurden, ist er berechtigt, diese zum Selbstschutz nach Art. 379 ArbGB zu verweigern.

Der Arbeitsort ist grundsätzlich der Sitz des Arbeitgebers. Für den Fall, dass der Arbeitnehmer bei einer Tochtergesellschaft oder Repräsentanz beschäftigt werden soll, muss nach Art. 57 Abs. 2 ArbGB die Adresse dieser in den Arbeitsvertrag aufgenommen werden.

Grundsätzlich bedürfen Versetzungen gem. Art. 72 Abs. 1 ArbGB der Zustimmung des Arbeitnehmers in schriftlicher Form. Dies gilt insbesondere für Versetzung auf einen Arbeitsplatz, der eine niedrigere Qualifikation erfordert. Nach Art. 72.2 ist selbst bei schriftlicher Vereinbarung der Vertragsparteien eine Versetzung bei demselben Arbeitgeber nur bis zur Dauer von maximal einem Jahr möglich.

Ausnahmsweise darf gem. Art. 72.2 Abs. 3 ArbGB eine vorübergehende Versetzung ohne Zustimmung bis zu maximal einem Monat vorgenommen werden, wenn besondere betriebsinterne Unterbrechungen durch unvorhersehbare Notfälle hervorgerufen wurden.

bbb. Vergleich der rechtlichen Situation zum deutschen Arbeitsrecht

Die Regelungen zur Tätigkeit, zum Arbeitsort und bezüglich Versetzungen sind im deutschen und russischen Recht sehr ähnlich. Im deutschen Recht ist die Versetzung in § 95 Abs. 3 BetrVG definiert.

Eine Versetzung an einen anderen Arbeitsort kann nur durch den Arbeitgeber einseitig verfügt werden, wenn dies im Arbeitsvertrag oder Tarifvertrag durch eine sogenannte Versetzungsklausel vorgesehen ist[284]. Liegt eine solche Klausel nicht vor, kann der Arbeitgeber die Versetzung lediglich im Wege der Änderungskündigung oder mit einer einvernehmlichen Änderung des Vertrages durchsetzen[285].

Der Arbeitgeber darf den Arbeitnehmer grundsätzlich nicht auf einen geringer entlohnten Arbeitsplatz[286] bzw. auf einen Arbeitsplatz mit geringwertiger Tätigkeit versetzen[287].

Anders als im russischen Recht unterliegen Versetzungsklauseln im deutschen Recht der AGB-Kontrolle und dürfen den Arbeitnehmer somit nach § 307 BGB nicht unangemessen benachteiligen[288].

Aus dieser Kurzdarstellung kann geschlussfolgert werden, dass beide Rechtsordnungen den Arbeitnehmer möglichst vor einseitigen Eingriffen des Arbeitgebers schützen wollen.

bb. Dauer, Befristung

aaa. Rechtliche Situation beim Übertritt nach russischem Arbeitsrecht

Im russischen, wie auch im deutschen Arbeitsrecht, wird eine Unterscheidung zwischen befristeten und unbefristeten Arbeitsverhältnissen vorgenommen. Wird keine Regelung getroffen, gilt ein Arbeitsverhältnis nach Art. 58 Abs. 3 ArbGB als auf unbestimmte Zeit abgeschlossen.

Eine Befristung ist nach dem russischen Recht nur in den gesetzlich bestimmten Fällen zulässig und darf gem. Art. 58 Abs. 1 ArbGB fünf Jahre nicht übersteigen. Demnach ist eine Befristung möglich, wenn bestimmte

---

[284] *Junker*, S. 220; *Küttner – Kreitner*, Auslandstätigkeit, Rn. 5.
[285] *Moll/Gragert*, § 11, Rn. 6.
[286] *BAG* v. 11.06.1958, AP Nr. 2 zu § 611 BGB, Direktionsrecht.
[287] *BAG* v. 08.10.1962, AP Nr. 18 zu § 611 BGB, Direktionsrecht.
[288] *BAG*, NZA 2006, 1149; *BAG* v. 09.05.2006, NZA 2007, 145.

Gründe vorliegen, die ein befristetes Arbeitsverhältnis rechtfertigen. In Art. 59 ArbGB wird zwischen zwingenden Befristungsgründen und Befristungsgründen, welche durch Parteienvereinbarung zu einem befristeten Vertrag führen können, unterschieden. Die im ArbGB aufgezählten Gründe sind abschließend. Eine Befristung aufgrund von Parteivereinbarung kann bspw. vorgenommen werden, wenn in dem Unternehmen maximal 35 Beschäftigte tätig sind, bei Einzelhandels- und Versorgungsunternehmen bis zu 20 Beschäftigen[289] oder mit Leitern von Organisationen. Wurde ein Arbeitsvertrag ohne entsprechende Gründe befristet, so gilt dieser als unbefristet.

Zur Beendigung befristeter Verträge wird auf Ziff. D. III. 3. b. aa. verwiesen.

bbb. Vergleich der rechtlichen Situation zum deutschen Arbeitsrecht

In beiden Rechtsordnungen ist ein sachlicher Grund Voraussetzung für eine Befristung (im deutschen Recht gem. § 14 TzBfG). Zudem gilt in beiden Ländern der Grundsatz, dass bei einer Befristung ohne einen hinreichenden Grund das Arbeitsverhältnis auf unbestimmte Zeit geschlossen ist (vgl. § 16 TzBfG).

Im Unterschied zum russischen Recht ist in Deutschland eine Befristung des Arbeitsvertrages gem. § 14 Abs. 2 TzBfG bis zur Dauer von zwei Jahren auch ohne Vorliegen eines sachlichen Grundes möglich.

Diese Befristung darf maximal dreimal verlängert werden und die Gesamtdauer von zwei Jahren nicht überschreiten[290]. Weiterhin enthält das deutsche Recht gem. § 14 Abs. 2a und 3 TzBfG Ausnahmeregelungen für neu gegründete Unternehmen und Arbeitnehmer, die das 58. Lebensjahr vollendet haben, wonach die Befristungsregelungen milder ausfallen bzw. keiner Gründe bedürfen. Derartige Regelungen sind mit den Befristungsgründen durch Parteivereinbarung im russischen Recht vergleichbar.

Insgesamt betrachtet bestehen in beiden Ländern ähnliche Möglichkeiten, befristete Arbeitsverhältnisse abzuschließen. Sowohl das russische als auch das deutsche Recht sehen eine Höchstdauer der Befristung vor und regeln Befristungsgründe. In beiden Rechtsordnungen ist der Abschluss von befristeten Arbeitsverträgen in der Praxis sehr beliebt. Dies wird zusätzlich durch die Regelungen, die keinen Befristungsgrund erfordern, gefördert.

---

[289] *Balashova/Wedde*, WiRO 07, 140, 143.
[290] *Dütz*, Rn. 268.

cc. Arbeitszeit, Überstunden

aaa. Rechtliche Situation beim Übertritt nach russischem Arbeitsrecht

Als Arbeitszeit definiert das Arbeitsgesetzbuch gem. Art. 91 die Zeit, in der der Arbeitnehmer nach der Arbeitsordnung des Unternehmens und seinem Arbeitsvertrag seine Arbeitspflicht erfüllen muss, soweit ein Gesetz nicht eine andere Arbeitszeit definiert.

Der Arbeitsvertrag soll nach Art. 100 ArbGB die Dauer der Wochen- und Tagesarbeitszeit, den Arbeitsbeginn und das -ende, Pausenzeiten sowie die Reihenfolge von Arbeitstagen und freien Tagen regeln.

Gem. Art. 91 ArbGB ist eine Regelarbeitszeit von 40 Stunden pro Woche festgelegt. Darüber hinaus kann der Arbeitgeber den Arbeitnehmer in bestimmten Fällen zur Arbeit heranziehen. Dies ist der Fall, wenn Überstunden geleistet werden müssen oder wenn der Arbeitnehmer nach Art. 101 ArbGB einen sogenannten nicht normierten Arbeitstag hat, also auch über die festgelegte Arbeitszeit hinaus bei Bedarf abgerufen werden kann. Eine solche Regelung ist nur für bestimmte Personengruppen vorgesehen; in der Praxis betrifft dies vor allem Verträge von leitenden Mitarbeitern.

Das russische Recht definiert gem. Art. 99 Abs. 1 ArbGB den Begriff der Überstunden als Arbeit, die der Arbeitnehmer auf Weisung des Arbeitgebers außerhalb der für ihn festgeschriebenen Arbeitszeit leistet. Der Arbeitnehmer kann vom Arbeitgeber gem. Art. 99 ArbGB grundsätzlich nur mit seiner schriftlichen Zustimmung zu Überstunden herangezogen werden. Ohne Zustimmung hat der Arbeitnehmer gem. Art. 99 ArbGB Überstunden zu leisten, wenn mit seiner Arbeitsleistung eine Katastrophe, eine Betriebsstörung oder die Gefährdung von Lebensbedingungen der gesamten Bevölkerung abgewendet werden kann.

Weiterhin sollte die gesetzliche Arbeitszeit nach Art. 99 ArbGB um nicht mehr als vier Überstunden innerhalb von zwei Tagen und maximal um 120 Überstunden im Jahr überschritten werden.

Für geleistete Überstunden hat der Arbeitgeber zusätzlichen Urlaub zu gewähren oder das gesetzlich vorgesehene Entgelt zu entrichten. Das ArbGB sieht in Art. 152 ArbGB für die ersten beiden Überstunden einen Stundenlohn des eineinhalbfachen und für jede weitere Stunde mindestens das doppelte des üblichen Stundenlohnes vor.

Die Arbeit an Wochenenden und gesetzlichen Feiertagen ist gem. Art. 111 und 112 ArbGB grundsätzlich, soweit das Gesetz keine andere Regelung vorsieht, verboten.

Interessant und für Deutsche kaum vorstellbar ist die Regelung des Art. 112 ArbGB. Danach ist für den Fall, dass ein gesetzlicher Feiertag auf einen arbeitsfreien Tag fällt, der nächste Werktag als freier Tag zu gewähren. Zudem besteht die Regelung, dass sich die Arbeitszeit vor einem Feiertag um eine Stunde verkürzt.

bbb. Vergleich der rechtlichen Situation zum deutschen Arbeitsrecht

Im deutschen Recht beträgt nach § 3 ArbZG die werktägliche Arbeitszeit acht bzw. zehn Stunden. In der Praxis werden die Arbeitszeiten jedoch zumeist durch Tarifvertrag oder Betriebsvereinbarung von den gesetzlichen Regelungen abweichend vereinbart[291]. Üblich ist somit eine wöchentliche Arbeitszeit zwischen 37,5 und 40 Stunden. Ein Arbeitsverbot an Sonn- und Feiertagen gilt ebenfalls in Deutschland, jedoch sieht § 10 ArbZG wesentliche Ausnahmen vor, z.B. für Bewachungspersonal oder Not- und Rettungsdienste.

Die größte Abweichung zwischen deutschem und russischem Recht besteht in der Problematik der Überstunden. Im deutschen Recht gibt es keine gesetzliche Definition des Begriffes der Überstunden sowie kaum Bestimmungen, welche ausdrücklich Überstunden regeln. Es besteht nach dem ArbZG auch keine Beschränkung der Anzahl der Überstunden[292].

Dennoch hat die Rechtsprechung Grundsätze zu diesem Thema entwickelt. Grundsätzlich ist der Arbeitnehmer nicht dazu verpflichtet Überstunden zu leisten[293], es sei denn, dies wurde durch Individual- oder Kollektivvertrag vereinbart. Überstunden müssen in Deutschland durch Freizeitausgleich oder durch zusätzliche Vergütung i.H.d. üblichen, vereinbarten Vergütung nach § 612 BGB abgegolten werden[294]. In der Praxis werden zumeist Überstundenzulagen in Tarifverträgen festgelegt.

Im Hinblick auf die Arbeitszeit und die Überstunden ist festzustellen, dass die russischen Regelungen sehr konkret und sehr arbeitnehmerfreundlich ausgestaltet sind. Hinsichtlich der Bestimmungen der Feiertage und der

---

291   *Dütz*, Rn. 143.
292   *Däubler*, Rn. 587.
293   *ErfK/Preis*, § 611 BGB, Rn. 663.
294   *ErfK/Preis*, § 611 BGB, Rn. 666.

Abgeltung der Überstunden ist der sozialistische Einfluss aus der Vergangenheit deutlich spürbar.

dd. Urlaub

aaa. Rechtliche Situation beim Übertritt nach russischem Arbeitsrecht

Nach Art. 115 ArbGB hat der Arbeitnehmer Anspruch auf mindestens 28 Kalendertage bezahlten Urlaub. Diesen kann er gem. Art. 122 ArbGB geltend machen, wenn er sechs Monate ununterbrochen im Unternehmen tätig war.

Der Urlaub ist durch den Arbeitgeber in den Urlaubsplan einzutragen und er hat den Arbeitnehmer gem. Art. 123 ArbGB spätestens zwei Wochen vor Urlaubsantritt über den gewährten Urlaub zu informieren. Die Vertragsparteien können den Urlaub gem. Art. 125 ArbGB in beliebige Abschnitte einteilen, dennoch müssen mindestens 14 Tage zusammenhängend genommen werden.

Der Urlaubsanspruch kann, wenn er 28 Kalendertage übersteigt, durch Entgelt abgegolten werden[295]. Dies bedarf eines schriftlichen Antrages des Arbeitnehmers. Dieser Anspruch ist nach Art. 126 ArbGB bei besonders schutzwürdigen Personengruppen, wie z.B. Schwangeren oder Personen unter 18 Jahren, ausgeschlossen.

bbb. Vergleich der rechtlichen Situation zum deutschen Arbeitsrecht

Der deutsche Arbeitnehmer hat nach § 3 BUrlG einen Anspruch auf 24 Werktage (20 Arbeitstage) Urlaub im Kalenderjahr nach sechsmonatigem Bestehen des Arbeitsverhältnisses. Dies entspricht der Anzahl der russischen Mindesturlaubstage, da diese in Kalendertagen gemessen werden. In der Praxis werden in deutschen Tarifverträgen erheblich längere Urlaubzeiten vorgesehen[296].

Nach § 7 Abs. 3 BUrlG kann der Resturlaubsanspruch aus dringenden Gründen in das nächste Kalenderjahr übertragen werden. Dieser muss jedoch in den ersten drei Kalendermonaten des Folgejahres in Anspruch genommen werden, da er ansonsten verfällt. Die RF sieht für die Übertragung der Urlaubstage in das Folgejahr eine andere Regelung vor. Der Resturlaubsanspruch verfällt im russischen Recht nicht, sondern bleibt

---

[295]   *Henssler/Hegewald*, S. 1186.
[296]   *Däubler*, Rn. 641.

bestehen. Demzufolge summieren sich gem. Art. 126 ArbGB die nicht be-
anspruchten Urlaubstage nach dem russischen Recht.

Im deutschen Recht kann der Urlaubsanspruch gesetzlich gem.
§ 7 Abs. 4 BUrlG nur durch Entgelt abgegolten werden, wenn das Arbeitsverhältnis beendet worden ist[297].

In der Praxis sind Abgeltungsvorschriften regelmäßig Inhalt von Tarifverträgen. Eine Abweichung von den gesetzlichen Regelungen durch Tarifverträge ist zulässig, soweit die Regelungen zugunsten des Arbeitnehmers abweichen[298]. Im Gegensatz dazu ist das Abgeltungsverbot im russischen Recht mit Ausnahme der o. g. Regelung nicht abdingbar[299].

Zusammenfassend ist festzustellen, dass auch bezüglich der Urlaubsrege-
lungen das russische – und deutsche Recht für den Arbeitnehmer sehr
ähnlich ausgestaltet sind.

ee. Vergütung

aaa. Rechtliche Situation beim Übertritt nach russischem Recht

Art. 37 der VerfRF setzt einen einheitlichen monatlichen Mindestlohn für
Arbeitnehmer bei Erbringung der monatlich vereinbarten Arbeitszeit fest.
Dieser Mindestlohn wird durch ein föderales Gesetz Russlands festgelegt
und darf nach Art. 133 ArbGB das *„für Erwerbsfähige geltende Existenzminimum nicht unterschreiten"*.

Der gesetzliche Mindestlohn beträgt seit dem 01.01.2009 monatlich 4330
Rubel (entspricht ca. 100 EUR)[300]. Problematisch erscheint, dass der gesetzliche Mindestlohn in der Praxis erheblich vom Existenzminimum ab-
weicht, so bspw. in Moskau, wo die durchschnittlichen Lebenskosten
durch den Mindestlohn nicht gedeckt werden können[301].

Die Auszahlung des Arbeitslohnes hat nach Art. 131 und 136 ArbGB mindestens halbmonatlich und zwingend in Rubel zu erfolgen. Die Zahlung
erfolgt grundsätzlich in bar, kann aber auch auf schriftlichen Antrag in
anderer Form gezahlt werden (Art. 131 ArbGB).

---

[297]   *ErfK/Dörner*, § 7 BUrlG, Rn. 49.
[298]   *BAG* v. 09.08.1994, NZA 1995, 230.
[299]   *Henssler/Hegewald*, S. 1186.
[300]   *Sarodnick*, S. 159.
[301]   Russland-Aktuell, Existenzminimum in Moskauer Umland bei 135 Euro, unter:
         http://www.aktuell.ru.

Der Arbeitnehmer hat nach Art. 142 Abs. 2 ArbGB das Recht, sofern sich die Lohnzahlung um mehr als 15 Tage verzögert, nach schriftlicher Mitteilung an den Arbeitgeber seine Arbeitsleistung einzustellen.

bbb. Vergleich der rechtlichen Situation zum deutschen Recht

Das deutsche Recht regelt keinen einheitlich gesetzlich festgelegten Mindestlohn.

Durch die Ausweitung des AEntG gilt jedoch für einige Branchen, bei denen die Tarifbindung über 50 Prozent liegt, ein Mindestlohn mittels Rechtsverordnung bzw. Allgemeinverbindlichkeitserklärung von Tarifverträgen[302].

Dies betrifft bspw. das Baugewerbe, das Gebäudereinigerhandwerk[303], Briefdienstleistungen[304] und neu das Wach- und Sicherheitsgewerbe, die Altenpflege, die Abfallentsorger, die Textilreiniger und den Zweig der Bergbau-Spezialarbeiten[305].

Zudem wurde das Mindestarbeitsbedingungengesetz mit dem Ziel novelliert, einen Mindestlohn auch direkt für Branchen einzuführen, bei denen die Tarifbindung unter 50 Prozent liegt[306].

Die Auszahlung des Arbeitsentgeltes gestaltet sich in Deutschland jedoch anders als in Russland. In der Regel erfolgt eine monatliche Auszahlung in Euro am 15. oder am Ende des Monats, da der Arbeitnehmer nach § 614 BGB vorleistungspflichtig ist.

Für den Fall, dass der Arbeitgeber seine Lohnzahlungspflicht nicht erfüllt, steht dem deutschen Arbeitnehmer – ähnlich wie im russischen Recht – nach § 273 BGB ein Zurückbehaltungsrecht an seiner Arbeitsleistung zu[307]. Allerdings darf der Arbeitnehmer *„die Arbeit nicht verweigern, wenn der Lohnrückstand verhältnismäßig geringfügig ist, nur eine kurzfristige Verzögerung der Lohnzahlung zu erwarten ist, wenn dem Arbeitgeber ein*

---

[302]   Pressemitteilung vom Bundesministerium für Arbeit und Soziales vom 16.07.2008, unter: http://www.bmas.de/portal/26934/.

[303]   *BGBl* I, 576.

[304]   *BGBl* I, 3140.

[305]   Pressemitteilung vom Bundesministerium für Arbeit und Soziales vom 22.01.2009 unter: http://www.bmas.de/portal/30616/.

[306]   Pressemitteilung vom Bundesministerium für Arbeit und Soziales vom 16.07.2008, unter: http://www.bmas.de/portal/26934/.

[307]   *BAG*, NZA 1985, 355.

unverhältnismäßig hoher Schaden entstehen kann oder wenn der Lohnanspruch auf andere Weise gesichert ist"[308].

Abschließend zu diesem Komplex ist festzustellen, dass die Regelungen zum Arbeitslohn in Russland und Deutschland sehr ähnlich sind. Dies gilt allerdings nicht für die Mindestlohnregelungen, die weder der Höhe nach noch nach den Rechtsgrundlagen mit denen in Russland vergleichbar sind.

ff. Lohnfortzahlung im Krankheitsfall

aaa. Rechtliche Situation beim Übertritt nach russischem Recht

Der Arbeitgeber ist verpflichtet, dem Arbeitnehmer, der aufgrund von Krankheit arbeitsunfähig ist, Krankengeld zu zahlen (Art. 183 ArbGB). Dieses Krankengeld wird vom Arbeitgeber gezahlt und beträgt abhängig vom Einkommen maximal 15.000 Rubel pro Monat (ca. 440 EUR)[309]. Diese Verpflichtung des Arbeitgebers besteht nur, sofern der Arbeitnehmer in Russland sozialversicherungspflichtig ist und für ihn Beiträge abgeführt wurden (s. Ziff. C. III. 3.). Im Arbeitsvertrag können darüber hinaus zusätzliche Regelungen getroffen werden, welche bspw. die Aufstockung der Beträge bis zum normalen Lohn vorsehen.

Weiterhin ist der Arbeitgeber verpflichtet, über die gesamte Dauer der Krankheit Krankengeld zu zahlen[310]. Ein Kündigungsgrund ist gem. Art. 83 Nr. 5 ArbGB nur gegeben, wenn aus einem medizinischen Gutachten hervorgeht, dass der Arbeitnehmer für arbeitsunfähig erklärt wurde.

bbb. Vergleich der rechtlichen Situation zum deutschen Recht

Im Zusammenhang mit der Entgeltfortzahlung wird darauf hingewiesen, dass für den Entgeltfortzahlungsanspruch nur teilweise an das Arbeitsvertragsstatut angeknüpft wird[311]. Im Rahmen des Entgeltfortzahlungsgesetzes wird dagegen nach dem internationalen Sozialversicherungsrecht anzuknüpfen sein[312], welches im Grunde dem Territorialitätsprinzip folgt[313]. Demnach findet bei einer Entsendung deutsches Sozialversiche-

---

[308] *BAG*, NZA 1985, 355.
[309] *Sarodnick*, S. 160.
[310] *Sarodnick*, S. 160.
[311] *Mauer*, Rn. 380.
[312] *Mauer*, Rn. 380.
[313] Deutsche Rentenversicherung, Arbeiten im vertragslosen Ausland, S. 6,
       unter: http://www.deutsche-rentenversicherung.de

rungsrecht nur Anwendung, wenn eine Ausstrahlung gem. § 4 SGB IV vorliegt (s. Ziff. C. III. 1.); dies ist i.d.r. bei einem Übertrittsmodell nicht anzunehmen.

Ist bspw. aufgrund der Anbindung des Arbeitnehmers an das Heimatunternehmen eine Ausstrahlung der deutschen Sozialversicherungsnormen gegeben, kommen die deutschen Vorschriften zur Anwendung.

Die Entgeltfortzahlung bei unverschuldeter Krankheit richtet sich im deutschen Recht nach § 3 EntgeltFG. Hierbei muss der Arbeitnehmer – anders als im russischen Recht – eine sogenannte Wartezeit erfüllen, bis er Anspruch auf Entgeltfortzahlung im Krankheitsfall hat. Diese Wartezeit beträgt nach § 3 Abs. 3 EntgeltFG vier Wochen, in denen das Arbeitsverhältnis ununterbrochen bestanden haben muss.

Der Nachweis der Arbeitsunfähigkeit erfolgt – wie auch in Russland – über ein Attest des Arztes[314].

Deutlich abweichend vom russischen Recht ist die Dauer der Entgeltfortzahlung geregelt. Der Arbeitgeber hat in Deutschland nach § 3 EntgeltFG maximal bis zur Dauer von sechs Wochen Anspruch auf Entgeltfortzahlung, demgegenüber in Russland bis zum Ende der Krankheit.

Auch die Höhe der Fortzahlung ist unterschiedlich geregelt. In Deutschland soll sie gem. § 4 EntgeltFG den Arbeitnehmer genauso stellen, als wenn er nicht arbeitsunfähig geworden wäre. Demnach steht ihm innerhalb der sechs Wochen sein volles Gehalt inklusive Provisionen, Prämien und Gratifikationen zu[315].

Nach dem sechswöchigen Zeitraum der Entgeltfortzahlung wird gem. §§ 44 ff. SGB V von der Krankenkasse ein sogenanntes Krankengeld i.H.v. ca. 70 Prozent des regelmäßigen Bruttoverdienstes, maximal bis zur Dauer von 78 Wochen in drei Jahren ab dem Eintritt der Arbeitsunfähigkeit gewährt (§ 48 SGB V).

Zusammenfassend ist festzustellen, dass in Deutschland durch die höheren Leistungen der Entgeltfortzahlung durch den Arbeitgeber und das anschließende Krankengeld eine bessere Versorgung im Krankheitsfall als in Russland gewährleistet werden kann. Der russische Arbeitgeber wird durch die lange Dauer der Entgeltfortzahlung bis zur Heilung der Krankheit stark belastet, während in Deutschland die Belastung auf sechs Wochen begrenzt ist.

---

[314] *Schaub/Linck*, § 98, Rn. 119.
[315] *MüKo-BGB – Müller – Glöge*, § 4 EFZG, Rn. 21 ff; *Küttner – Griese*, Entgeltfortzahlung, Rn. 14.

c. Inhalt des Übertrittsvertrages – Zusätzliche Vertragsinhalte

Über die notwendigen Bestandteile hinaus, kann der Übertrittsvertrag zusätzliche Vereinbarungen enthalten, z.b. Regelungen über:

- Probezeit,
- Arbeitnehmererfindungen,
- Vertraulichkeit und Geschäftsgeheimnisse,
- Betriebsbindung bei Bezahlung einer Aus- oder Fortbildung[316] oder
- Dienstwagen.

aa. Probezeit

aaa. Rechtliche Situation beim Übertritt nach russischem Arbeitsrecht

Im russischen Recht kann gem. Art. 70 ArbGB im Arbeitsvertrag eine Probezeit von bis zu drei Monaten vereinbart werden. Bei bestimmten geschützten Personengruppen darf keine Probezeit vereinbart werden. Dies betrifft insbesondere Minderjährige, Schwangere und Frauen mit Kindern unter 15 Jahren.

Kündigt der Arbeitgeber innerhalb der Probezeit, muss er in der Kündigung die Kündigungsgründe angeben, insbesondere die Ungeeignetheit des Arbeitnehmers darlegen[317]. Die Kündigung kann durch beide Vertragsparteien erfolgen und bedarf der Schriftform, unter Einhaltung der Kündigungsfrist gem. Art. 71 ArbGB von drei Tagen. Wird die Tätigkeit nach Ablauf der Probezeit fortgesetzt, gilt diese als bestanden.

In der Praxis sollten während der Probezeit einige Grundsätze beachtet werden, um sich im Falle einer Kündigung als Arbeitgeber abzusichern: Zweck der Probezeit ist es nach Art. 70 ArbGB zu prüfen, ob der Arbeitnehmer für die zu besetzende Stelle geeignet ist.

Diese Einschätzung kann praktisch im Unternehmen nur durchgeführt werden, wenn die Unternehmensbestimmungen Regelungen zur Bewertung von Mitarbeitern innerhalb der Probezeit enthalten. Diese Regelungen müssten u.a. Aussagen darüber treffen, in welcher Form dem Arbeitnehmer Aufgaben übertragen werden und nach welchen Maßstäben diese durch den Vorgesetzten ausgewertet werden. Dabei ist es empfehlenswert, alle Ereignisse innerhalb der Probezeit schriftlich zu

---

[316] *Piksin*, WiRO 2005, 1, 4.
[317] *Piksin*, WiRO 2005, 1, 6.

dokumentieren, um im Falle einer Kündigung die Kündigungsgründe nachweisen zu können.

bbb. Vergleich der rechtlichen Situation zum deutschen Arbeitsrecht

In Deutschland kann gem. § 622 BGB eine Probezeit von bis zu sechs Monaten vereinbart werden. Die Kündigungsfrist innerhalb der Probezeit ist länger als in Russland und beträgt für beide Vertragsparteien zwei Wochen.

Im Gegensatz zur RF besteht in Deutschland gem. § 20 BBiG eine Pflicht zur Vereinbarung einer mindestens einmonatigen Probezeit für Berufsausbildungsverhältnisse. Nach Ablauf der erfolgreich bestandenen Probezeit kann das Ausbildungsverhältnis von Seiten des Arbeitgebers nur noch aus wichtigem Grund gekündigt werden (§ 22 Abs. 2 BBiG).

bb. Arbeitnehmererfindung

aaa. Rechtliche Situation beim Übertritt nach russischem Recht

Wichtig erscheint die Aufnahme einer Regelung, insbesondere bei Arbeitsverträgen im technischen bzw. wissenschaftlichen Bereich, wie in dem Falle einer Erfindung durch den Arbeitnehmer zu verfahren ist.

I.d.R. unterliegen arbeitsrechtliche Fragen im Zusammenhang mit Erfindungen dem Arbeitsvertragsstatut oder dem Recht, wo der Arbeitnehmer gewöhnlich seine Tätigkeit verrichtet[318]. Der gewöhnliche Tätigkeitsort bei einem Übertritt ist im Einsatzland, demnach in Russland anzunehmen.

Im Zivilgesetzbuch der RF sind gem. Art. 1461 ZGB Bestimmungen zu Dienst- und Arbeitnehmererfindungen enthalten. Danach steht dem Arbeitnehmer als Erfinder das unübertragbare Autorenrecht zu, welches von dem Verwertungsrecht, also dem Recht zur Nutzung der Erfindung unterschieden werden muss.

Das Gesetz nimmt weiterhin eine Differenzierung zwischen freien und Diensterfindungen vor[319]. Eine Diensterfindung wird angenommen, wenn der Arbeitnehmer innerhalb seiner arbeitsvertraglichen Pflichten oder im Rahmen eines Erfindungsauftrages eine Erfindung macht[320]. Bei Diensterfindungen erhält der Arbeitgeber automatisch das ausschließliche Nutzungsrecht, sofern nicht im Arbeitsvertrag abweichende Regelungen

---

[318]   *MüKo – IPR – Martiny*, Art. 8 Rom I-VO, Rn. 97 m.w.N.
[319]   *Fabry/Trimborn*, S. 119.
[320]   *Fabry/Trimborn*, S. 119.

getroffen wurden. Der Arbeitgeber hat den Arbeitnehmer als Gegenleistung für die Erfindung nach den Vorschriften des russischen Patentrechts angemessen nach dem erzielbaren Nutzen der Erfindung zu vergüten[321]. Danach ist die Vergütung zwischen den Vertragsparteien zu vereinbaren oder sie wird durch das Gericht festgesetzt[322].

Eine Sonderregelung sieht Art. 1461 Abs. 5 ZGB für solche Erfindungen vor, die zwar in den Räumen und mit den Mitteln des Arbeitgebers entstanden sind, jedoch von der Arbeitsverpflichtung des Arbeitnehmers nicht erfasst sind (freie Erfindungen). In diesem Fall stünde dem Arbeitnehmer das alleinige Verwertungsrecht zu, wenn er dem Arbeitgeber für seine Erfindung eine einfache unentgeltliche Lizenz gewährt.

Ohne eine Lizenz an den Arbeitgeber zu erteilen, obliegt ihm nur das alleinige Verwertungsrecht, wenn er dem Arbeitgeber die im Zusammenhang mit der Erfindung entstanden Kosten zurückzahlt.

bbb. Vergleich der rechtlichen Situation zum deutschen Recht

Im deutschen Recht finden sich Regelungen über Erfindungen von Arbeitnehmern im Arbeitnehmererfindungsgesetz (ArbEG).

Wie auch im russischen Recht unterscheidet das deutsche Recht zwischen Diensterfindungen und freien Erfindungen[323]. Unter Diensterfindungen nach § 4 Abs. 2 ArbEG, versteht man Erfindungen, die innerhalb der betrieblichen Tätigkeit oder aufgrund von betrieblichen Erfahrungen entstanden sind. Dabei ist es unerheblich, ob die Erfindung während der Arbeitszeit, in der Freizeit oder sogar außerhalb der Betriebsräume des Arbeitgebers gemacht wurde[324]. Derartige Erfindungen müssen dem Arbeitgeber gemeldet werden[325]; dieser kann dann entscheiden, ob er die Erfindung nutzen will (§ 6 ArbEG). Nimmt der Arbeitgeber die Erfindung in Anspruch, ist der Arbeitnehmer gem. §§ 6, 7 ArbEG verpflichtet, dem Arbeitgeber nach seiner Wahl ein einfaches oder ausschließliches Nutzungsrecht einzuräumen.

---

[321]   *Fabry/Trimborn*, S. 120.

[322]   *Fabry/Trimborn*, S. 120.

[323]   *Kraßer*, Dritter Abschnitt, § 21. II. b) bb) Diensterfindungen und freie Erfindungen, Rn. 1.

[324]   *Kraßer*, Dritter Abschnitt, § 21. II. b) bb) Diensterfindungen und freie Erfindungen, Rn. 2.

[325]   *Gnann*, S. 114.

Ähnlich wie im russischen Recht hat der Arbeitnehmer gem. §§ 9 und 10 ArbEG Anspruch auf eine angemessene Vergütung, welche im Arbeitsvertrag vereinbart wird.

Alle über die Diensterfindungen hinausgehenden Erfindungen sind als freie Erfindungen gem. § 4 Abs. 3 ArbEG einzustufen. Diese müssen dem Arbeitgeber gemeldet werden, damit dieser die Möglichkeit hat, den Status der freien Erfindung zu überprüfen (§ 18 ArbEG).

Zudem ist der Arbeitnehmer – wie auch im russischen Recht - gem. § 19 ArbEG verpflichtet, dem Arbeitgeber ein einfaches Nutzungsrecht an der Erfindung anzubieten.

cc. Nebentätigkeiten

aaa. Rechtliche Situation beim Übertritt nach russischem Arbeitsrecht

Art. 60.1 ArbGB definiert, was unter einer Nebentätigkeit zu verstehen ist und differenziert weiterhin in interne und externe Nebentätigkeiten. Dabei ist eine interne Nebentätigkeit anzunehmen, wenn der Arbeitnehmer eine weitere Tätigkeit gegen Entgelt bei demselben Arbeitgeber ausübt (Art. 60.1 Abs. 1 ArbGB). Erfolgt die Beschäftigung bei einem anderen Arbeitgeber, besteht eine externe Nebentätigkeit (Art. 60.1 Abs. 1 ArbGB).

In Art. 284 ArbGB wird geregelt, dass eine Nebentätigkeit die Dauer von vier Stunden täglich nicht übersteigen darf. Dennoch wird dem Arbeitnehmer nach dem Gesetz ermöglicht, an von der Haupttätigkeit befreiten Tagen, ganztägig seiner Nebentätigkeit nachzugehen[326].

Dabei sind jedoch die gesetzlichen Höchstfristen zu beachten. Danach darf innerhalb einer Woche nicht mehr als 16 Stunden neben der hauptberuflichen Tätigkeit gearbeitet werden. Zudem ist es untersagt, dass die Nebentätigkeit die Hälfte der monatlichen Arbeitszeit des entsprechenden Arbeitnehmers überschreitet[327].

bbb. Vergleich der rechtlichen Situation zum deutschen Arbeitsrecht

Der Begriff der Nebentätigkeit beinhaltet im deutschen Recht *„jede Tätigkeit, die außerhalb eines schon bestehenden Arbeitsverhältnisses ausgeübt wird"*[328]. Somit werden auch im deutschen Recht interne und externe Nebentätigkeiten erfasst. Der Begriff der Nebentätigkeit unterscheidet

---

326   *Balashova/Wedde,* WiRO 2007, 140, 143.
327   *Balashova/Wedde,* WiRO 2007, 140, 143.
328   *Wertheimer/Krug,* BB 2000, 1462.

sich insofern von dem Begriff im russischen Recht, dass im deutschen Recht nicht unbedingt eine Leistung gegen Entgelt erfolgen muss. Im deutschen Recht gilt somit auch eine ehrenamtliche Tätigkeit als Nebentätigkeit, da der Arbeitnehmer hier seine Kraft außerhalb seines Hauptarbeitsverhältnisses aufwendet[329].

Außerdem bestehen im deutschen Recht für den Arbeitnehmer keine gesetzlichen Regelungen über Nebentätigkeiten[330]. Eine Ausnahme bildet das Beamtenrecht, welches in den Beamtengesetzen der einzelnen Länder entsprechende Vorschriften vorsieht.

Grundsätzlich kann der Arbeitnehmer über die Arbeitszeit hinaus seine Zeit frei gestalten[331]. Verwendet er seine Zeit, um Nebentätigkeiten nachzugehen, ist dies grundsätzlich durch Art. 12 GG (Berufsfreiheit) geschützt[332].

Demzufolge wäre ein vollständiges Verbot von Nebentätigkeiten durch vertragliche Regelungen in Deutschland gem. §§ 242, 134 und Art. 12 GG unzulässig.

Die Rechtsprechung hat die Einschränkung von Nebentätigkeiten nur in bestimmten Fällen zugelassen. So dürfen Nebentätigkeiten beschränkt werden, die zu einer erheblichen Beeinträchtigung der Arbeitskraft führen, wie z.b. körperliche Belastungen, welche die Haupttätigkeit beeinträchtigen[333].

Gängige Praxis in Arbeitsverträgen sind sogenannte Erlaubnisvorbehalte, die sämtliche Nebentätigkeiten von der Erlaubnis des Arbeitgebers abhängig machen[334]. Dabei darf der Arbeitgeber die Erlaubnis nur verweigern, wenn die Nebentätigkeit die Beeinträchtigung betrieblicher Interessen der Haupttätigkeit vermuten lässt[335].

Zudem sind Nebentätigkeiten unzulässig, die dem Wettbewerbsverbot nach § 60 HGB entgegenstehen, gegen die Erholungspflicht in § 8 des BUrlG verstoßen sowie Nebentätigkeiten, die Schwarzarbeit zum Gegenstand haben[336].

---

329   *Wertheimer/Krug*, BB 2000, 1462.
330   *Wertheimer/Krug*, BB 2000, 1462.
331   *BAG v. 30.05.1996*, BB 1996, 1892.
332   *BAG v. 26.06.2001*, NZA 2002, 98.
333   *LAG Baden-Württemberg*, BB 1970, 710; *MüKo-BGB – Müller-Glöge*, § 611 BGB, Rn. 1096.
334   *MüKo-BGB – Müller-Glöge*, § 611, Rn. 326.
335   *BAG*, NZA 2002, 966.
336   *MüKo-BGB – Müller-Glöge*, § 611 BGB, Rn. 1102.

Auch das deutsche Arbeitsrecht sieht Höchstgrenzen für Nebenbeschäftigungen vor. Danach muss § 3 Satz 1 und 2 ArbZG beachtet werden, der die werktägliche Arbeitszeit der Arbeitnehmer einschließlich der Nebentätigkeit auf acht bzw. auf zehn Stunden beschränkt. Die Rechtsfolge eines erheblichen Überschreitens der täglichen Arbeitszeitbeschränkung besteht in der Nichtigkeit des Nebentätigkeitsverhältnisses[337].

Zusammenfassend wird festgestellt, dass beide Rechtsordnungen ähnliche Regelungen hinsichtlich der Nebentätigkeit beinhalten. So legen z.B. beide Rechtsordnungen Höchstgrenzen für die Dauer von Nebenbeschäftigungsverhältnissen fest.

Das russische Recht verfügt über gesetzliche Regelungen, wobei die Bestimmungen zur Nebentätigkeit in Deutschland fast ausschließlich auf Rechtsprechung beruhen. Im deutschen Recht werden häufiger vertragliche Regelungen über Nebenbeschäftigungen aufgenommen, wodurch sich auf diesem Gebiet eine umfangreiche Rechtsprechung herausgebildet hat.

dd. Wettbewerbsverbot

aaa. Rechtliche Situation beim Übertritt nach russischem Recht

Das russische Recht enthält für Arbeitnehmer grundsätzlich keine gesetzlichen Regelungen über Wettbewerbsverbote[338]. Dies gilt sowohl für Wettbewerbsverbote während des Arbeitsverhältnisses als auch für nachvertragliche Wettbewerbsverbote. Demzufolge fehlt im russischen Recht eine Rechtsgrundlage zur Durchsetzung solcher Klauseln. Dies ist vom Gesetzgeber ausdrücklich gewollt, da die Vereinbarung eines Wettbewerbsverbotes das Recht auf freie unternehmerische Entfaltung gem. Art. 37 VerfRF einschränken würde. Zudem sieht Art. 2 ArbGB vor, dass jeder berechtigt ist, seine Arbeitsfähigkeiten frei einzusetzen sowie die Art der Tätigkeit und den Beruf frei zu wählen. Aus diesen Gründen sind in Arbeitsverträgen vereinbarte Wettbewerbsverbote in der RF unzulässig.

---

[337] *BAG* v. 19.6.1959, AP Nr. 1 zu § 611 BGB Doppelarbeitsverhältnis.
[338] *Henssler/Hegewald*, S. 1212.

bbb. Vergleich der rechtlichen Situation zum deutschen Recht

Das Wettbewerbsverbot dient dem Schutz des Arbeitgebers vor Konkurrenz durch den bei ihm beschäftigen Arbeitnehmer[339].

Im Gegensatz zum russischen Recht ist die Verwendung von Wettbewerbsklauseln in Deutschland gängige Praxis.

Das deutsche Recht legt in §§ 60 ff. HGB Rechtsgrundlagen für Handlungsgehilfen, d.h. für kaufmännische Angestellte fest. Danach dürfen Handlungsgehilfen *„ohne Einwilligung des Prinzipals weder ein Handelsgewerbe betreiben noch in dem Handelszweige des Prinzipals für eigene oder fremde Rechnung Geschäfte machen"*. Hieraus kann jedoch nach h. M. kein allgemeines Wettbewerbsverbot für Arbeitnehmer abgeleitet werden[340].

Demgegenüber ist dem Arbeitnehmer im Rahmen seiner Nebenpflicht zur Rücksichtnahme[341] aus dem Arbeitsverhältnis, jede Konkurrenz zum Nachteil des Arbeitgebers untersagt[342]. Infolgedessen wird häufig im Arbeitsvertrag eine Regelung aufgenommen, welche den Arbeitnehmer während des Arbeitsverhältnisses zum Unterlassen von Wettbewerb verpflichtet.

Grundsätzlich kann der Mitarbeiter nach Beendigung seines Arbeitsverhältnisses das beim früheren Arbeitgeber erworbene Know-how im Rahmen einer neuen Tätigkeit bei einem Konkurrenten des früheren Arbeitgebers frei nutzen[343].

Um dies zu verhindern, kann der Arbeitgeber im deutschen Recht nach §§ 110, 6 Abs. 2 GewO die berufliche Tätigkeit des Arbeitnehmers nach der Beendigung des Arbeitsverhältnisses durch Parteivereinbarung einschränken.

Das deutsche Recht sieht dafür gem. § 74 ff HGB besondere Voraussetzungen für die Wirksamkeit eines nachvertraglichen Wettbewerbsverbots vor. Eine solche Vereinbarung bedarf nach § 74 Abs. 1 HGB der Schriftform. Weiterhin muss für ein nachvertragliches Wettbewerbsverbot als Gegenleistung eine sogenannte Karenzentschädigung gem. § 74 Abs. 2 HGB gezahlt werden.

---

339 *ErfK/Oetker*, § 60 HGB, Rn. 4, 7.
340 *BAG* v. 16.01.1975, AP Nr. 8 zu § 60 HGB; *BAG*, DB 2007, 346 ff., *Dütz*, Rn. 159.
341 *jurisPK-BGB – Hausch/Fandel*, § 611 BGB, Rn. 270.
342 *BAG*, NZA 1991, 141.
343 *Laws/Koziner/Waldenmaier*, S. 131.

Zudem erfordert das nachvertragliche Wettbewerbsverbot ein berechtigtes Interesse[344], darf die Höchstdauer von zwei Jahren nicht überschreiten und muss die Schutzvorschriften für Minderjährige einhalten.

Bei der vergleichenden Betrachtung des russischen und deutschen Rechts werden gravierende Unterschiede zwischen den Rechtsordnungen hinsichtlich des Wettbewerbsverbotes festgestellt. Das russische Recht beinhaltet grundsätzlich keine Rechtsgrundlagen für Wettbewerbsverbote, wohingegen das deutsche Recht sogar für nachvertragliche Wettbewerbsverbote ausdrückliche Regelungen vorsieht.

Das russische Recht leitet aus dem Grundrecht in Art. 37 der VerfRF ein Verbot für Wettbewerbsbeschränkungen ab. Diesem Grundrecht steht im deutschen Recht Art. 12 GG gegenüber, der die Berufsfreiheit regelt. Die deutsche Rechtsordnung sieht lediglich ein vollständiges Nebentätigkeitsverbot als Verstoß gegen die Berufsfreiheit an[345], lässt im Gegensatz zum russischen Recht grundsätzlich ein Wettbewerbsverbot in bestimmten Grenzen zu.

Aus diesen unterschiedlichen Ansichten können sich in der Praxis Probleme hinsichtlich der Zulässigkeit und Durchsetzbarkeit von Wettbewerbsklauseln ergeben. Demzufolge könnten bei einer Entsendung von Deutschland nach Russland im Rahmen eines Mehrvertragsmodells Klauseln, die ein Wettbewerbsverbot enthalten, durch die zwingenden russischen Vorschriften der Verfassung unwirksam sein und somit wegfallen.

ee. Geheimhaltungs/Vertraulichkeitsklausel

aaa. Rechtliche Situation beim Übertritt nach russischem Recht

Das russische Recht bestimmt gesetzliche Regelungen, welche den Arbeitnehmer dazu verpflichten, Geschäftsgeheimnisse, die ihm im Rahmen des Arbeitsverhältnisses anvertraut wurden oder bekannt geworden sind, zu wahren. Entsprechende Regelungen sind im Gesetz *„Über Geschäftsgeheimnisse"*[346], in Art. 139 ZGB (Dienst- und Geschäftsgeheimnis) sowie im Art. 181 RStGB (russisches Strafgesetzbuch) enthalten.

Die wesentlichen Regelungen der Geheimhaltung, welche auf das Arbeitsverhältnis Anwendung finden, ergeben sich aus dem Gesetz *„Über Geschäftsgeheimnisse"*.

---

[344]   *ErfK/Oetker*, § 74a HGB, Rn. 2.
[345]   *Dütz*, Rn. 159.
[346]   Gesetz „Über Geschäftsgeheimnisse" Nr. 98-FZ v. 29.07.2004.

Um einen Schadensersatzanspruch wegen Verstoß gegen die Geheimhaltungspflicht aus einer vertraglichen Vereinbarung nach dem russischem Recht wirksam begründen zu können, müssen die strengen Voraussetzungen des Gesetzes *„Über Geschäftsgeheimnisse"* erfüllt sein. Nach Art. 10 des Gesetzes ist eine Liste zu erstellen, welche Informationen als Geschäftsgeheimnisse gelten. Diese Informationen dürfen keinen dritten Personen zugänglich sein.

Zudem muss eine Liste der Mitarbeiter geführt werden, die Zugang zu den Geschäftsgeheimnissen haben. Des Weiteren müssen die Geschäftsgeheimnisse mit einem Vermerk, wie z.B. Stempel „vertraulich" gekennzeichnet sein.

Über diese Anforderungen hinaus ist der Arbeitgeber gem. Art. 11 des Gesetzes „Über Geschäftsgeheimnisse" verpflichtet, seine Mitarbeiter, die Zugang zu den Geschäftsgeheimnissen haben, über die Liste der Geschäftsgeheimnisse sowie über die vorgenannten Voraussetzungen zu informieren. Jeder Mitarbeiter soll die Kenntnisnahme der Liste und der vorgenannten Voraussetzungen durch seine Unterschrift bestätigen.

Diese Voraussetzungen fordern in ihrer Umsetzung einen erheblichen Aufwand; demnach ist ein Anspruch wegen Verletzung der Geheimhaltungspflicht in der Praxis kaum realisierbar. Dennoch können Geheimhaltungsklauseln i.V.m. einer Vertragsstrafe für Verstöße gegen den Arbeitsvertrag eine abschreckende Wirkung entfalten.

Neben der Geheimhaltungspflicht während des Arbeitsverhältnisses besteht die Möglichkeit, den Arbeitnehmer auch nach Beendigung des Arbeitsverhältnisses durch vertragliche Vereinbarungen zum Stillschweigen über Geschäftsgeheimnisse zu verpflichten.

bbb. Vergleich der rechtlichen Situation zum deutschen Recht

Zunächst ist zu beachten, dass es im deutschen Recht kein Gesetz über die Vertraulichkeit/Geheimhaltung gibt. Im Gegensatz dazu existiert - wie oben dargestellt - im russischen Recht das Gesetz *„Über Geschäftsgeheimnisse"*. Dieses enthält international zwingende Vorschriften, welche sich gegen deutsches Recht durchsetzen könnten.

Die Verschwiegenheitspflicht über Betriebs- und Geschäftsgeheimnisse ergibt sich im deutschen Recht aus den Schutz- und Rücksichtnahmepflichten des Arbeitnehmers[347].

---

[347]   *jurisPK-BGB – Pfeiffer*, § 242 BGB, Rn. 49; *Salger/Breitfeld*, BB 2005, 156.

Diese Pflicht gilt nach Auffassung des BAG auch nach der Beendigung des Arbeitsverhältnisses[348].

Unter Geschäfts- und Betriebsgeheimnissen werden allgemein Informationen verstanden, die nicht offenkundig sind und somit nur einem begrenzten Personenkreis zugänglich sind[349]. Zudem stehen Geschäfts- und Betriebsgeheimnisse mit einem bestimmten Unternehmen im Zusammenhang und sollen nach dem Willen des Arbeitgebers geheim gehalten werden, da der Arbeitgeber ein schutzwürdiges Interesse an deren Geheimhaltung hat[350]. Infolgedessen werden bspw. das Know-how, Preislisten und Kundenlisten darunter gefasst.

Im deutschen Recht ist es zudem möglich, über weitere Informationen eine vertragliche Verschwiegenheitspflicht aufzunehmen[351]. Allerdings können umfassende Verschwiegenheitspflichten kartellrechtlich problematisch sein, wenn sie ein Wettbewerbsverbot beinhalten[352]. Demzufolge müssen Geheimhaltungsvereinbarungen möglichst konkret gefasst werden und die gegenständlichen Geheimnisse genau bezeichnen sowie eine angemessene zeitliche Beschränkung festlegen[353].

Eine Verletzung der Verschwiegenheitspflicht kann im deutschen Recht zu strafrechtlichen Sanktionen (§ 299 Abs. 1 StGB - Korruptionsverbot) oder zu einem Schadensersatzanspruch des Arbeitgebers führen. Dabei stellt § 17 UWG ein Schutzgesetz im Sinne von § 823 Abs. 2 BGB dar, woraus der Arbeitgeber einen Schadenersatzanspruch geltend machen kann[354].

§ 17 Abs. 1 UWG bestimmt eine Strafe für den Arbeitnehmer bei Bestehen des Arbeitsverhältnisses, *„wenn er zu Zwecken des eigenen oder fremden, gegenwärtigen oder künftigen Wettbewerbs, aus Eigennutz, also um daraus einen Vorteil zu erlangen, zugunsten eines Dritten oder in der Absicht, dem Arbeitgeber Schaden zuzufügen, ein Geschäfts- oder Betriebsgeheimnis einem Dritten mitteilt"[355].* Daneben sieht § 17 Abs. 2 Nr. 1 UWG ebenso eine Strafe vor, wenn sich der Arbeitnehmer aus den in Abs. 1 genannten Motiven während oder nach Beendigung des Arbeitsverhältnisses Geschäfts- oder Betriebsgeheimnisse verschafft oder sichert.

---

348 *BAG*, NJW 1988, 1686; a.A. *BGH*, GRUR 83, 179.
349 *MünchArbR- Blomeyer*, § 53 Rn. 56.
350 *MünchArbR- Blomeyer*, § 53 Rn. 56.
351 *jurisPK-BGB – Hausch/Fandel*, § 611 BGB, Rn. 266.
352 *Salger/Breitfeld*, BB 2005, 155 f.
353 *Salger/Breitfeld*, BB 2005, 155 f.
354 *Götting/Nordermann - Koehler/Hasselblatt*, § 17, Rn. 103.
355 *Salger/Breitfeld*, BB 2005, 155.

Außerordentlich wichtig im Zusammenhang mit Erfindungen des Arbeitnehmers ist die in § 24 ArbEG enthaltene Verpflichtung des Arbeitnehmers, eine Erfindung so lange geheim zu halten, wie die berechtigten Belange des Arbeitnehmers dies erfordern. Nähere Ausführungen zum Arbeitnehmererfindungsgesetz sind in Ziff. E. I. 1. c. bb. dargestellt.

Die vergleichende Betrachtung ergibt, dass sowohl im russischen als auch im deutschen Recht Ansprüche wegen Verstößen gegen die Geheimhaltungspflicht in der Praxis nur schwer durchgesetzt werden können. Das russische Recht sieht mit dem Gesetz *„Über Geschäftsgeheimnisse"* strikte gesetzliche Regelungen vor, während im deutschen Recht eine zivilrechtliche Grundlage lediglich aus der Rechtsprechung hinsichtlich der Nebenpflichten des Arbeitsverhältnisses abgeleitet wurde.

Weiterhin ist festzustellen, dass im russischen Recht sehr strenge formale Anforderungen an den Arbeitgeber gestellt werden, wie z.B. die Kennzeichnung der Geschäftsgeheimnisse.

In beiden Rechtsordnungen sind Geheimhaltungsklauseln während und nach Beendigung des Arbeitsverhältnisses möglich. Außerdem regeln beide Rechtsordnungen bei der Verletzung von Geheimhaltungsklauseln strafrechtliche Sanktionen und Schadenersatzansprüche.

Die vorstehenden Ausführungen haben einen Überblick über die russischen Regelungen im Vergleich zum deutschen Recht gegeben, welche bei der Vertragsgestaltung eines Übertrittsvertrages bzw. Arbeitsvertrages dringend berücksichtigt werden müssen.

2. Geschäftsführer/Generaldirektor

Bisher wurde der Übertrittsvertrag zwischen einem deutschen Arbeitnehmer und dem russischen Arbeitgeber betrachtet. Nunmehr wird dargestellt, worin die Besonderheiten bei der Vertragsgestaltung zwischen einem Geschäftsführer bzw. Generaldirektor und dem russischen Unternehmen bestehen.

Bereits unter Ziff. B. II. 2. c. aa. wurde näher ausgeführt, welche Unterschiede sich hinsichtlich dem russischen Generaldirektor und dem deutschen GmbH Geschäftsführer ergeben. Weiterhin wurde im Abschnitt B. II. 2. c. bb. die differenzierte Einordnung des Generaldirektors als Arbeitnehmer in Russland bzw. als Dienstleistender in Deutschland dargestellt.

a. Anwendbares Recht

Fraglich ist, welches Recht auf einen Dienst- bzw. Arbeitsvertrag mit einem Geschäftsführer anzuwenden ist sowie, ob sich ggf. Besonderheiten aufgrund der leitenden Position ergeben.

Um das anwendbare Recht bestimmen zu können, muss zunächst der Begriff des Geschäftsführers qualifiziert werden. Bei der vergleichenden Betrachtung unter Ziff. B. II. 2. c. aa. wurde dazu festgestellt, dass der Begriff des Geschäftsführers und des Generaldirektors in der russischen und deutschen Rechtsordnung im Wesentlichen vergleichbar sind und zur Bestimmung des anwendbaren Rechts als äquivalenter Begriff verwendet werden können.

aa. Anwendbares Recht bei Zuständigkeit deutscher Gerichte

Der Geschäftsführer wird im deutschen Recht – anders als im russischen Recht – grundsätzlich nicht als Arbeitnehmer angesehen, sondern als Dienstverpflichteter eingestuft[356]. Je nachdem, wie der Geschäftsführer eingeordnet werden würde, kämen unterschiedliche deutsche Kollisionsnormen in Betracht.

Gilt der Geschäftsführer als Arbeitnehmer, wären die besonderen Kollisionsvorschriften für Arbeitsverträge gem. Art. 8 Rom I-VO (alt Art. 30 EGBGB) anwendbar[357]. Ist der Geschäftsführer als Dienstverpflichteter einzustufen, würden die Regelungen zum allgemeinen Vertragsstatut gelten. Die verschiedenen Kollisionsnormen unterscheiden sich insofern voneinander, dass die allgemeinen Vorschriften über das Vertragsstatut nicht – wie im Arbeitsvertragsstatut – die zwingenden Bestimmungen des nicht gewählten Rechts, berücksichtigen.

Bei der Zuständigkeit deutscher Gerichte ist in der Praxis davon auszugehen, dass das Gericht den Begriff des Geschäftsführers nach deutschem Recht nach der lex fori [358] i.d.R. als Dienstleistungsverpflichteten qualifiziert. Wird der Geschäftsführer aufgrund bestimmter Kriterien (s. Ziff. B. II. 2. c. bb. bbb.) dennoch als Arbeitnehmer angesehen, so käme die Kollisionsvorschrift für Arbeitsverträge (Art. 8 Rom I-VO) zur

---

[356] *BGH* v. 09.11.1967, BGHZ 49, 30 ff.; *BGH*, NJW 1981, 1270; *ErfK/Preis*, § 611 BGB,
Rn. 137 m.w.N.
[357] *Kamphoff*, S. 19.
[358] *Palandt – Heldrich*, Einl. EGBGB 3 (IPR), Rn. 27.

Anwendung. Ist dies nicht der Fall, wäre an das allgemeine Vertragsstatut nach Art. 4 Rom I (alt Art. 27 ff. EGBGB) anzuknüpfen[359].

Gem. Art. 4 Abs. 1 b) wird bei Dienstleistungsverträgen das Recht des Staates angewandt, wo sich der Dienstleister gewöhnlich aufhält. Dienstleister im Sinne von Dienstverpflichtetem ist die Person, welche gegen Entgelt die vereinbarte Tätigkeit erbringt, dementsprechend in unserem Fall der Geschäftsführer in Russland.

Sofern der Geschäftsführer seinen gewöhnlichen Aufenthalt in Russland hat, wovon bei dem Übertrittsmodell ausgegangen werden kann, findet russisches Recht Anwendung.

Auch beim Dienstleistungsvertrag ist nach Art. 3 Rom I-VO grundsätzlich eine Rechtswahl zulässig. Allerdings lassen die international zwingenden russischen Vorschriften nach Art. 11 ArbGB selbst für ausländische leitende Angestellte, die auf dem Gebiet der Russischen Föderation tätig werden, keine Rechtswahl zu.

Nach der Darstellung der Gerichtspraxis müsste nun untersucht werden, ob auch in der Theorie eine Einstufung des Geschäftsführers als Dienstleistungsverpflichteter befürwortet werden kann. Hierbei ist grundsätzlich auf die Art des Vertrages abzustellen. Handelt es sich z.B. um einen Arbeitsvertrag nach zwingendem russischen Recht, wie beim Übertrittsmodell, müsste selbst ein deutsches Gericht den Arbeitnehmerbegriff nach russischem Recht auslegen.

Dafür spricht beim Übertrittsmodell, dass keine Verbindung mit dem Heimatunternehmen in Deutschland besteht. Ferner wurde zumeist der Vertrag in der RF abgeschlossen und der Mitarbeiter erbringt seine Tätigkeit ausschließlich in Russland. Zudem unterliegt der Arbeitsvertrag aufgrund der zwingenden russischen Arbeitsrechtsnormen vollständig dem russischen Recht. Aus den aufgeführten Gründen wäre es systemwidrig, bei Klage vor einem deutschen Gericht, den Geschäftsführer nicht als Arbeitnehmer – wie in der russischen Rechtsordnung vorgeschrieben – einzustufen.

bb. Anwendbares Recht bei Zuständigkeit russischer Gerichte

Bei der Zuständigkeit russischer Gerichte finden die Kollisionsvorschriften nach der lex fori grundsätzlich Anwendung. Die russischen Kollisionsvorschriften, welche im dritten Teil des russischen ZGB unter Abschnitt 6 geregelt sind, sehen im Art. 1187 ZGB vor, dass juristische Begriffe

---

[359] *Palandt – Heldrich*, Art. 4 Rom I (IPR), Rn. 9.

grundsätzlich nach dem russischen Recht auszulegen sind. Demzufolge wäre der Geschäftsführer als Arbeitnehmer einzuordnen, wie bereits ausführlich in Ziff. B. II. 2. c. bb. aaa. dargestellt wurde. Dementsprechend würden die russischen Kollisionsnormen mit dem allgemeinen Vertragsstatut Anwendung finden. Diese Thematik wurde bereits näher unter Ziff. D. II. 2. erläutert.

Interessant könnte in diesem Zusammenhang die Überlegung sein, ob der Begriff des Geschäftsführers nicht möglicherweise gesellschaftsrechtlich zu qualifizieren wäre und somit die russischen gesellschaftsrechtlichen Kollisionsnormen einschlägig wären (Art. 1211 ff. ZGB). Dieser Ansatz wäre durchaus denkbar, allerdings spricht der Inhalt des abzuschließenden Vertrages, welcher die Rechte und Pflichten des Anstellungsverhältnisses regeln soll, gegen diese Auffassung. Es muss hierbei klar zwischen dem schuldrechtlichen Anstellungsvertrag und der Organstellung des Geschäftsführers differenziert werden. Demgegenüber wäre wohl gesellschaftsrechtlich zu qualifizieren, wenn der Vertrag die Verpflichtungen des Geschäftsführers als Organ regeln würde. Somit verbleibt es bei der Anknüpfung an das allgemeine Vertragsstatut.

b. Dienstvertrag

aa. Russisches Recht

Das russische Recht regelt im Kapitel 39, Art. 779 ff. ZGB den Dienstleistungsvertrag. Danach verpflichtet sich der Auftragnehmer eine Dienstleistung zu erbringen und der Auftraggeber zur Zahlung einer vereinbarten Vergütung[360]. Die Dienstleitung kann z.B. in der Vornahme einer bestimmten Handlung oder Erbringung einer bestimmten Tätigkeit bestehen[361].

Als Abgrenzungskriterium zum Werkvertrag wird – wie auch in Deutschland – angenommen, dass beim Dienstleistungsvertrag kein gegenständliches Ergebnis geschuldet wird[362].

Im Gegensatz zum deutschen Recht gilt im russischen Recht der Dienstleistungsvertrag gem. Art. 779 ff. ZGB nur für eine selbständige Tätigkeit, somit nicht für Arbeitnehmer[363]. Demzufolge unterliegen Arbeitsverträge – auch die von Geschäftsführern – grundsätzlich nicht den Regelungen

---

[360]   *Gutbrod/Plagemann*, WiRO 2008, 33.
[361]   *Gutbrod/Plagemann*, WiRO 2008, 33.
[362]   *BGH* v. 16.07.2002, NJW 2002, 3323; *ErfK/Preis* § 611 BGB, Rn. 12.
[363]   *Gutbrod/Plagemann*, WiRO 2008, 33.

des Dienstleistungsrechts sondern den Vorschriften des Arbeitsgesetzbuches der RF.

Es kommt maßgeblich auf die Ausgestaltung des Vertragsinhaltes an[364], ob der Vertrag als Arbeits- oder als Dienstleistungsvertrag einzustufen ist. Nachfolgend werden einige Abgrenzungskriterien dargestellt:

Ein Arbeitsvertrag liegt vor, wenn der Arbeitnehmer im Unternehmen eine bestimmte Tätigkeit erfüllt und sich den betriebsinternen Vorschriften unterzuordnen hat[365]. Demgegenüber erbringt der Auftragnehmer im Rahmen eines Dienstleistungsvertrages eine bestimmte Leistung und ist nicht verpflichtet den betriebsinternen Vorschriften Folge zu leisten.

Der Dienstleistungsvertrag zeichnet sich weiterhin dadurch aus, dass sich der Auftragnehmer und der Auftraggeber als gleichberechtigte Parteien gegenüberstehen. Zwischen Arbeitgeber und Arbeitnehmer besteht ein Über-Unterordnungsverhältnis.

Zudem werden Dienstleistungsverträge nur auf eine bestimmte Zeit oder bis zur Erbringung einer Leistung abgeschlossen. Demgegenüber wird der Arbeitsvertrag oftmals unbefristet abgeschlossen.

Der Auftragnehmer hat außerdem einen größeren Spielraum zur Verhandlung seiner Vergütung, insbesondere hinsichtlich Verfahren und Fristen. Im Gegensatz dazu wird dem Arbeitnehmer nach dem russischen Recht halbmonatlich das Gehalt ausgezahlt.

Ein weiteres Abgrenzungskriterium stellt die Einteilung der Arbeitszeit dar. Grundsätzlich ist die Arbeitszeit bei Arbeitnehmern auf 40 Stunden wöchentlich begrenzt. Der Auftragnehmer verpflichtet sich hingegen zumeist, seine Leistung innerhalb einer bestimmten Frist zu erbringen[366]. Die Einteilung seiner Arbeitszeit bleibt ihm dabei selbst überlassen.

Zudem kann der Auftragnehmer eigene unternehmerische Entscheidungen treffen und unterliegt einem gewissen unternehmerischen Risiko[367].

Der Abschluss eines Dienstleistungsvertrages bietet dem Arbeitgeber einen größeren Gestaltungsspielraum und das Rechtsverhältnis mit dem Auftragnehmer kann flexibler gestaltet werden. Es ist jedoch bei der Gestaltung Vorsicht geboten, da die Gerichte häufig bei rechtlichen Auseinandersetzungen den Dienstleistungsvertrag in einen Arbeitsvertrag umdeuten. Die Umdeutung hat zur Folge, dass sämtliche Regelungen des

---

[364] *Henssler/Hegewald*, S. 1172.
[365] *Henssler/Hegewald*, S. 1172.
[366] *Henssler/Hegewald*, S. 1173.
[367] *Mankowski*, BB 1997, 465, 469.

Arbeitsgesetzbuches Anwendung finden[368]. Aus diesem Grund dürfen Dienstleistungsverträge keine Regelungen enthalten, die den Anschein erwecken könnten, dass der Auftragnehmer den Weisungen des Auftraggebers zu folgen hat, ihm ein Arbeitsplatz vom Auftraggeber zugewiesen wurde bzw. er eine Tätigkeit übernimmt, die gewöhnlich von einem fest angestellten Arbeitnehmer ausgeübt wird[369].

bb. Konsequenz – Sonderregelungen für Geschäftsführer

Aus den gewonnen Erkenntnissen lässt sich schlussfolgern, dass für den Anwendungsbereich des Dienstleistungsvertrages im Rahmen des Arbeitsverhältnisses nur ein sehr kleiner Anwendungsbereich gegeben ist, da fast alle Dienstleistungsverträge Indizien für einen Arbeitsvertrag aufweisen. Von größerer praktischer Relevanz ist daher, wie ein Arbeitsvertrag eines Geschäftsführers ausgestaltet sein muss, um den russischen zwingenden Vorschriften gerecht zu werden.

Zunächst finden die allgemeinen Regelungen des russischen Arbeitsgesetzbuches – wie in Ziff. E. I. 1. b. aa.-ff. und Ziff. E. I. 1. c. aa-ee. ausgeführt – Anwendung. Nunmehr wird nachstehend auf die besonderen Regelungen für den Geschäftsführer eingegangen, welche lex specialis vor den allgemeinen Bestimmungen gelten:

Vielfältige Regelungen des Arbeitsgesetzbuches sehen Sonderregelungen für Arbeitnehmer in leitenden Positionen vor, welche somit auch für den Geschäftsführer gelten. Art. 273 ff. ArbGB regeln explizit Bestimmungen für den Leiter einer Organisation. Die wesentlichen Sonderregelungen werden im Folgenden dargestellt:

aaa. Haftung

Das russische Arbeitsgesetzbuch regelt in Art. 232 ff. und 238 ff. Schadensersatzansprüche, die der Arbeitgeber bei Pflichtverletzungen des Arbeitnehmers geltend machen kann. Ein Schadensersatzanspruch setzt nach Art. 233 ArbGB ein rechtswidriges schuldhaftes Verhalten in Form einer arbeitsvertraglichen Pflichtverletzung, ein schuldhaftes Handeln (mit Vorsatz oder Fahrlässigkeit) sowie einen Schaden nach Art. 232 Abs. 1 ArbGB voraus. Zudem muss der Schaden infolge der Pflichtverletzung entstanden sein (Kausalität)[370].

---

[368] *Henssler/Hegewald*, S. 1173.
[369] *Henssler/Hegewald*, S. 1173.
[370] *Henssler/Hegewald*, S. 1190.

Gem. Art. 238 ArbGB ist der Arbeitgeber grundsätzlich nicht berechtigt vom Arbeitnehmer entgangenen Gewinn zu verlangen. Sonderregelungen bestehen hier für den Geschäftsführer, der gem. Art. 277 ArbGB sowie gem. Art. 44 RGmbHG auch für entgangenen Gewinn haftet.

Im russischen Arbeitsrecht besteht zudem gem. Art. 241 ArbGB eine Haftungsbegrenzung für Arbeitnehmer auf ein durchschnittliches Monatsgehalt, außer in den Fällen des Art. 243 ArbGB (z.B. bei vorsätzlicher Schädigung oder Schädigung unter Alkohol oder Drogen)[371].

Auch hier besteht eine Ausnahme für Unternehmensleiter, wie z.B. Geschäftsführer. Diese haften gem. Art. 277 ArbGB für alle unmittelbar dem Unternehmen zugefügten Schäden in unbegrenzter Höhe.

bbb. Entlohnung, Abfindung

Vereinbarungen über das Entgelt u.a. hinsichtlich Höhe, Auszahlung und Fristen obliegen bei Geschäftsführern gem. Art. 145 ArbGB den Vertragsparteien und sind im Arbeitsvertrag festzulegen.

Entsprechendes gilt für Vereinbarungen über Abfindungen bei Beendigung des Arbeitsverhältnisses, welche nach Art. 279 ArbGB im Arbeitsvertrag festgelegt werden. Die Abfindung ist nur in dem Fall zu zahlen, wenn die Beendigung nicht auf dem Verschulden des Geschäftsführers beruht. Der vereinbarte Betrag darf gem. Art. 181 ArbGB drei Monatsgehälter nicht unterschreiten.

ccc. Probezeit

Für bestimmte leitende Personengruppen (wie bspw. Geschäftsführer oder deren Stellvertreter, Filialleiter, Leiter von Repräsentanzen, Hauptbuchhalter) kann gem. Art. 70 ArbGB eine Probezeit von sechs Monaten vereinbart werden. Dagegen beträgt die Probezeit bei anderen Arbeitnehmern lediglich drei Monate.

ddd. Befristung/Arbeitszeit

Mit Geschäftsführern werden grundsätzlich befristete Arbeitsverträge maximal bis zu fünf Jahren abgeschlossen (Art. 58 Abs. 1 ArbGB).

---

[371] *Henssler/Hegewald*, S. 1191.

Zulässig und häufig in der Praxis angewandt ist die nicht normierte Arbeitszeitregelung gem. Art. 101 ArbGB. Danach ist der Geschäftsführer verpflichtet, auch über die festgelegte Arbeitszeit hinaus bei Bedarf tätig zu werden. Dies ist nur für bestimmte Gruppen von Arbeitnehmern erlaubt, da gem. Art. 91 ArbGB eine Regelarbeitszeit von 40 Stunden pro Woche festgelegt ist.

eee. Wettbewerbsverbot

Lediglich für leitende Personengruppen bestehen gesetzliche Regelungen zum Wettbewerbsverbot. Danach ist bspw. ein Geschäftsführer zur Ausübung einer bezahlten Nebentätigkeit in einem anderen Unternehmen befugt, wenn er die Zustimmung des zuständigen Gesellschaftsorgans erhält[372]. Nähere Erläuterungen zur Problematik der Wettbewerbsverbote im russischen Recht s. unter Ziff. E. I. 1. c. dd. aaa.

fff. Beendigung des Arbeitsverhältnisses

Für leitende Angestellte – wie den Generaldirektor einer OOO – sieht das Arbeitsrecht einen besonderen Kündigungsgrund vor. Leitende Angestellte können gem. Art. 278, 279 ArbGB relativ unproblematisch gekündigt werden, wenn der Generaldirektor durch Gesellschafterbeschluss des zuständigen Organs abberufen wurde. Dies setzt einen wirksamen Beschluss der Gesellschafterversammlung voraus. Dieser Kündigungsgrund erfordert keine Einhaltung einer Kündigungsfrist.

Bei der Position des Generaldirektors muss zwischen der körperschaftlichen Organstellung und dem schuldrechtlichen Anstellungsvertrag differenziert werden[373]. Die Beendigung der Organstellung kann jederzeit durch einen Gesellschafterbeschluss erfolgen[374]. Dieser Beschluss stellt auch für das Anstellungsverhältnis einen Auflösungsgrund dar, wobei der Generaldirektor Anspruch auf eine Entschädigung haben kann[375].

Zu den weiteren für den Generaldirektor in Betracht kommenden allgemeinen Kündigungsgründen wird auf den Abschnitt D. III. 3. verwiesen.

---

[372]   *Henssler/Hegewald*, S. 1212.
[373]   *BeckOK - Gewerberecht – Schulte*, § 109 GewO, Rn. 17.
[374]   *Breidenbach – Solotych*, RUS, Kap. D.I, Rn. 87.
[375]   *Breidenbach – Solotych*, RUS, Kap. D.I, Rn. 87.

ggg. Dienstreise

Relevant für Geschäftsführer könnte außerdem die Vorschrift des Art. 167 ArbGB sein. Diese Regelung garantiert dem Geschäftsführer bei Entsendung auf eine Dienstreise die Erhaltung des Arbeitsplatzes, seines Durchschnittsgehaltes sowie die Erstattung der mit der Dienstreise verbundenen Kosten[376]. Insbesondere werden Kosten für die Fahrt und Unterkunft sowie Spesen erstattet[377].

3. Zusammenfassung Übertrittsmodell

Das Übertrittsmodell zeichnet sich dadurch aus, dass der russische Arbeitgeber am Einsatzort den inländischen Arbeitgeber vollständig verdrängt und somit keine Bindung mit dem Heimatunternehmen besteht. Durch das Loslösen von der Heimatgesellschaft ergeben sich vielfältige Konsequenzen.

Zunächst gilt, wie oben ausgeführt, das Recht des Einsatzortes, ohne die Sonderregelung für vorübergehende Entsendungen[378]. Demnach sind die zwingenden arbeitsrechtlichen Vorschriften der RF anwendbar.

Zudem ist es nicht möglich, aufgrund dieser Konstellation im deutschen Steuersystem mit einer unbeschränkten Steuerpflicht zu verbleiben[379]. Weiterhin versperrt diese Gestaltungsvariante die Ausstrahlung der deutschen Sozialversicherung (s. Ziff. C. III. 1.).

II. Einvertragsmodell

Eine weitere Gestaltungsmöglichkeit zum Einsatz von Mitarbeitern im Ausland bietet das Einvertragsmodell. Diese Variante bildet vertraglich gesehen das Gegenteil zum bisher besprochenen Übertrittsmodell. Beim Einvertragsmodell stellt ein inländisches Unternehmen – in unserem Fall ein deutsches Unternehmen – einen Mitarbeiter ein, der ausschließlich seine Arbeitsleistung im Ausland erbringen soll[380]. Das deutsche Unternehmen schließt mit dem Mitarbeiter einen sogenannten Entsendungsvertrag ab, der die Bedingungen der Auslandsentsendung sowie die Rechte und Pflichten der Vertragsparteien regelt. Bei dieser vertraglichen

---

376 *Орловский/Нуртдинова*, S. 342 ff.
377 *Орловский/Нуртдинова*, S. 342 ff.
378 *Mauer*, Rn. 367.
379 *Mauer*, Rn. 367.
380 *Heuser/Heidenreich/Fritz*, Rn. 26.

Konstruktion wird kein Arbeitsvertrag mit dem lokalen Unternehmen in Russland geschlossen.

1. Anwendbares Recht

Hinsichtlich einer Rechtswahl der Vertragsparteien im Entsendungsvertrag wird auf die Ausführungen beim Übertrittsmodell in Ziff. E. I. 1. a. verwiesen. Diese führten zu dem Ergebnis, dass auch bei einer deutschen Rechtswahl grundsätzlich die zwingenden Vorschriften des russischen Arbeitsrechtes Anwendung finden und sich gegen die deutschen Vorschriften durchsetzen.

Mangels einer Rechtswahl bestimmt sich das anwendbare Recht, sofern deutsche Gerichte für die Streitigkeit zuständig sind, nach Art. 8 Rom I-VO (bzw. alt Art. 30 EGBGB). Danach ist das Recht des Staates anwendbar, *„in dem oder andernfalls von dem aus der Arbeitnehmer in Erfüllung des Vertrags gewöhnlich seine Arbeit verrichtet".* Eine vorübergehende Tätigkeit in einem anderen Staat beeinflusst die Anknüpfung an den gewöhnlichen Verrichtungsort nicht.

Der gewöhnliche Verrichtungsort beim Einvertragsmodell bleibt, wie auch beim Übertrittsmodell, der Ort der Tätigkeitsausübung in Russland. Der EuGH hat in diesem Zusammenhang ausgeführt, dass sich das anwendbare Recht danach richten soll, wo der Arbeitnehmer primär seinen vertraglichen Pflichten nachkommt[381].

Da der Arbeitsvertrag allein für den Zweck der Entsendung ins Ausland abgeschlossen wurde und keine Tätigkeiten im Inland vorgesehen sind, kommt als Verrichtungsort lediglich Russland in Betracht. Demzufolge ist auf einen solchen Sachverhalt russisches Recht anzuwenden.

2. Ergebnis

Das russische Recht legt in Art. 67 Abs. 2 ArbGB fest, dass der Arbeitgeber verpflichtet ist, sofern er einen Arbeitnehmer beschäftigt, mit diesem innerhalb von drei Tagen ab Arbeitsbeginn einen schriftlichen Arbeitsvertrag abzuschließen. Auch die Migrationsbehörde fordert bei der Beantragung der Arbeitsgenehmigung bzw. –erlaubnis die Vorlage eines Arbeitsvertrages mit dem russischen Unternehmen[382], um die Beschäftigung nachzuweisen (s. Ziff. C. I. 2. Nr. 3, unter Angaben über den Mitarbeiter). Folglich ist das Einvertragsmodell aufgrund der zwingenden russischen

---

381 *EuGH*, Rs. C 125/92; Rs. C 383/95.
382 *V. Ruch*, Personal Manager 2006, 26.

Vorschriften wegen des fehlenden lokalen Arbeitsvertrages in Russland nicht umsetzbar.

III. Zweivertragsmodell

Das Zweivertragsmodell zeichnet sich dadurch aus, dass zwei Verträge nebeneinander bestehen[383]. Es liegt ein lokales Arbeitsverhältnis mit dem Arbeitgeber in Deutschland vor. Zudem wird eine Zusatzvereinbarung mit dem deutschen Unternehmen abgeschlossen, in der die besonderen Bestimmungen für die Entsendung ins Ausland geregelt werden[384].

Bei dieser Variante liegen zwei Verträge vor, wobei zumeist die Hauptpflichten des lokalen Arbeitsvertrages für den Zeitraum des Auslandseinsatzes, z.B. in der Zusatzvereinbarung ruhend gestellt werden.

1. Anwendbares Recht

Es muss beachtet werden, dass das anwendbare Recht für jeden Vertrag gesondert zu bestimmen ist.

Im Hinblick auf den lokalen Arbeitsvertrag mit dem deutschen Unternehmen wird, da es sich um einen Inlandssachverhalt handelt, deutsches Recht gelten.

Anders verhält es sich bei der Zusatzvereinbarung, welche direkt die Modalitäten der Entsendung regelt. In der Zusatzvereinbarung kann das anwendbare Recht nach Art. 3 Rom I-VO grundsätzlich durch Rechtswahl bestimmt werden, wobei sich die international zwingenden russischen Arbeitsrechtsvorschriften durchsetzen.

Das Arbeitsvertragsstatut der Zusatzvereinbarung richtet sich bei fehlender Rechtswahl gem. Art. 8 Rom I-VO nach dem Recht des Staates, in dem der Arbeitnehmer *„gewöhnlich seine Arbeit verrichtet".* Kriterien für den gewöhnlichen Arbeitsort sind bspw. der Wohnsitz und der gewöhnliche Aufenthalt des Arbeitnehmers, wo der Arbeitnehmer organisatorisch in den Betrieb eingegliedert ist, wo der Lohn ausgezahlt wird sowie wo der Schwerpunkt seiner Tätigkeit anzunehmen ist[385]. Anders als beim Einvertrags- und Übertrittsmodell ist häufig in der Praxis der gewöhnliche Tätigkeitsort beim Zweivertragsmodell in Deutschland anzunehmen, da der Arbeitnehmer i.d.R. für eine Entsendung seinen Wohnsitz in Deutschland beibehält und durch den Arbeitsvertrag organisatorisch im

---

[383]   *Mastmann/Stark*, BB 2005, 1849, 1850.
[384]   *Gemmel*, AuA 2008, 270.
[385]   BAG v. 13.05.1959, 1 AZR 258/57; *Kamphoff*, S. 20.

deutschen Unternehmen eingegliedert bleibt. Zudem erfolgt die Entsendung zumeist zeitlich befristet. Demzufolge wäre auch für die Zusatzvereinbarung deutsches Recht anzuwenden.

Auch eine vorübergehende Tätigkeit in einem anderen Staat, z.b. in Russland steht der Regelanknüpfung an den gewöhnlichen Verrichtungsort nicht entgegen. Im Einzelfall wäre hier zu prüfen, bis zu welchem Zeitrahmen noch eine vorübergehende Tätigkeit angenommen werden kann. Dafür lässt sich keine starre Zeitgrenze festlegen[386]. Für längerfristige Entsendungen bis zu zwei Jahren wird noch eine vorübergehende Tätigkeit angenommen, sofern der Arbeitnehmer nach dem Auslandseinsatz wieder in das Stammunternehmen zurückkehrt[387]. Somit ist für die häufigsten Fälle der Entsendung, die lediglich einige Monate andauern, von einer vorübergehenden Tätigkeit auszugehen.

Wird im Gegensatz dazu ein Mitarbeiter länger als zwei Jahre ins Ausland entsandt und ist eine Rückkehrmöglichkeit ins Stammunternehmen vorgesehen, so ist eine vorübergehende Tätigkeit umstritten[388]. Zu dieser Problematik haben sich grundsätzlich zwei Argumentationslinien herausgebildet. Eine Auffassung sieht als Gegenbegriff zur vorübergehenden Tätigkeit die *„endgültige Tätigkeit"* an. Demnach würde lediglich keine vorübergehende Tätigkeit vorliegen, wenn der Arbeitnehmer nicht mehr zurückkehren würde[389]. Auch der Erwägungsgrund 36 der Rom I-VO sieht bei einer mehrfach verlängerten und über zehn Jahre hinausgehenden Entsendung in einen anderen Staat vor, dass es bei der Anwendung des heimischen Rechts bleiben soll, sofern eine Rückkehrmöglichkeit in den Heimatstaat im Entsendungsvertrag vorgesehen ist[390].

Eine andere Ansicht bestimmt als gegenteiligen Begriff der vorübergehenden Tätigkeit die „länger dauernde Tätigkeit". Danach würde eine Entsendung für die Dauer über zwei Jahre nicht mehr unter eine vorübergehende Entsendung fallen, was einen Statutenwechsel nach sich ziehen würde[391].

Diese Variante bedient sich eines neuen wenig fassbaren Begriffs, während die erste Auslegung mit dem Begriff der endgültigen Tätigkeit klar

---

[386]   *Kamphoff,* S. 22.
[387]   *Kamphoff,* S. 22.
[388]   *Kamphoff,* S. 23.
[389]   *Junker,* S. 183; *Mauer/Sadtler,* DB 2007, 1586, 1588; *Palandt- Heldrich,* Art. 8 Rom I, Rn. 11 m.w.N.; *Schlachter,* NZA 2000, 57, 59.
[390]   *Mauer/Sadtler,* DB 2007, 1586, 1588.
[391]   *Kamphoff,* S. 23.

abgrenzbar ist und mehr Rechtssicherheit schafft[392]. Gegen die erste Variante spricht, dass sich bei einer längeren Entsendung tatsächlich der Lebensmittelpunkt in den Tätigkeitsstaat verschiebt. Bei weiterer Anwendung des Rechtes des Entsendungsstaates würde der Entsandte auch bei langjährigem Aufenthalt in Russland seine Rechte in Deutschland geltend machen müssen, um diese durchsetzen zu können[393]. Diese Situation ergibt sich daraus, dass bisher kein Vollstreckungsabkommen zwischen Deutschland und der RF besteht[394].

Nach Abwägung der obigen Argumente folgt die Verfasserin der h.M., dass auch bei einer Entsendung über zwei Jahre hinaus eine vorübergehende Entsendung angenommen werden kann, wenn eine Rückkehrmöglichkeit im Vertrag vereinbart wurde. Diese Ansicht wird für überzeugend gehalten, da der Begriff eindeutig abgrenzbar ist und somit mehr Rechtssicherheit schafft.

Dementsprechend kommt auch bei einer längerfristigen Entsendung für die Zusatzvereinbarung grundsätzlich deutsches Recht zur Anwendung. Allerdings setzen sich die international zwingenden Vorschriften des russischen Arbeitsrechtes gegen deutsches Recht durch.

2. Ergebnis

Auch dieses Modell sieht keinen lokalen Arbeitsvertrag mit dem russischen Unternehmen am Tätigkeitsort vor. Nach den zwingenden Vorschriften des russischen Rechts setzt jedes Beschäftigungsverhältnis einen lokalen Arbeitsvertrag in Russland voraus[395] (s. Ziff. D. III 2. a). Dies ist bei dem Zweivertragsmodell nicht gegeben, demzufolge kann diese Gestaltungsvariante in Russland nicht angewandt werden.

IV. Mehrvertragsmodell

Das Mehrvertragsmodell kommt zur Anwendung, wenn der Arbeitnehmer im Rahmen der Entsendung neben dem Vertrag mit dem deutschen Heimatunternehmen zusätzlich einen lokalen Vertrag mit dem aufnehmenden russischen Unternehmen benötigt[396].

---

392   *Junker*, S. 183.
393   *Kamphoff*, S. 23.
394   Neue Entwicklungen: *Laptew*, WiRO 2006, 198 ff.
395   *V. Ruch*, Personal Manager, 2006, S. 26.
396   *Mütze/Popp*, S. 72.

Dabei werden die Hauptleistungen des Arbeitsvertrages mit dem deutschen Unternehmen grundsätzlich ruhend gestellt[397]. Weiterhin wird wie beim Zweivertragsmodell eine Zusatzvereinbarung (in Form eines Entsendungsvertrages) abgeschlossen, welche die Vertragsmodalitäten während des Zeitraumes der Entsendung regelt[398].

1. Interessen der Vertragsparteien

Bei diesem Vertragsmodell stehen sich die Interessen der drei unterschiedlichen Vertragsparteien gegenüber (Arbeitnehmer, Heimatunternehmen, Einsatzunternehmen). Im Folgenden wurde eine Interessenübersicht der beteiligten Vertragsparteien erarbeitet, um zu verdeutlichen, in welchen Punkten die Parteien gleiche Interessen haben oder wo möglicherweise Interessenkonflikte bestehen. Bei der Darstellung wurden auf Seiten des Expatriate sowohl die Interessen eines Arbeitnehmers als auch eines Geschäftsführers aufgenommen. Diese unterscheiden sich im Wesentlichen im Bereich des Sicherheitsbedürfnisses. Der Geschäftsführer bevorzugt möglicherweise keine enge Bindung an das Heimatunternehmen und hat oftmals ein geringeres Wiedereingliederungsinteresse nach Beendigung des Auslandseinsatzes.

Für den Geschäftsführer gelten i.Ü. auch beim Mehrvertragmodell die in Ziff. E. I. 2. b. erarbeiteten Konsequenzen.

---

[397] *Pohl*, NZA 1998, 735, 738; *Mütze/Popp*, S. 71.
[398] *Mütze/Popp*, S. 71 f.

Interessenübersicht der beteiligten Vertragsparteien:

	Interessen Arbeitnehmer bzw. GmbH-Geschäftsführer	Interessen Heimatunternehmen (Deutschland)	Interessen Einsatzunternehmen (Russland)
Motivation/ Entsendungs- ziele	- Auslandserfahrung sammeln (arbeiten im internationalen Team) - Kommunikation in anderen Sprachen - Erwerb von Führungs- und Fachkompetenzen - Verbesserte Karrierechancen, höhere Qualifikation durch Auslandseinsatz - Möglicherweise höhere Vergütung nach Rückkehr - Orientierungsreise als Entscheidungshilfe - Persönliche und kulturelle Erfahrungen sammeln	- Know-how-Transfer realisieren - Unternehmensstrukturen und Philosophie in Auslandsgesellschaft übertragen → einheitliche Strukturen und Führungskonzept schaffen - Förderung der Kommunikation zwischen Heimatunternehmen und Einsatzunternehmen - Nutzen der Erfahrung und erworbenen Qualifikationen von Fach- und Führungskräften nach deren Rückkehr - Nutzen des globalen Bewusstseins und internationalen Denkens der Expatriaten nach Rückkehr	- Nutzen von ausländischem Know-how - Nutzen der Erfahrung und Qualifikation der ausländischen Fach- und Führungskräfte - Kompensation eines Mangels an Fach- und Führungskräften im Ausland - Möglicherweise Abwerben von guten Fach- und Führungskräften
Soziale Bedürfnisse	- Unterstützung bei Ein- und Wiedereingliederung des Expatriates im Einsatzland bzw. Heimatland (z. B. Sprachkurs, Mietkosten, Umzugskosten, Kaufkraftausgleich) - Unterstützung bei Eingliederung der Familie (Ausbildung der Kinder, Arbeitssuche der Ehefrau) bzw. bei regelmäßigen Besuchen der Familie	- Übernahme von Eingliederungs- und Wiedereingliederungskosten, um Entsendung attraktiv zu machen und Entsendungsziele zu erreichen	- Möglichst wenig Aufwendungen für Eingliederung des Expatriates (Wohnungssuche, Einrichtung Bankkonto, Anmeldung Migrationsbehörde)

Sicherheitsbedürfnisse (ohne Beendigung)	- Enge Bindung an Heimatunternehmen → Verbleib in deutscher Sozialversicherung (Fortführung KV, PV, AV, RV) → I.d.R. lockere Bindung bei Geschäftsführern - Unterstützung bei privater gesundheitlicher Absicherung - Lohnfortzahlung im Krankheits- und Todesfall - Fortführung der betrieblichen Altersvorsorge - Beantragung der erforderlichen Genehmigungen (für rechtmäßigen Aufenthalt und Arbeitserlaubnis) durch Arbeitgeber	- Bindung an Heimatgesellschaft, durch vertragliche Regelungen wie z.B. regelmäßige Berichtspflichten und uneingeschränktes Weisungsrecht des Heimatunternehmens, um frühzeitig Fehlentscheidungen zu erkennen oder Abkapselung des Expatriates zu vermeiden - Ausstrahlung des BetrVG vermeiden - Bei Mehrvertragsmodell Interesse an Weitergeltung der Nebenpflichten aus Heimatarbeitsvertrag (Geheimhaltungspflicht, Wettbewerbsverbot usw.) - Beantragung der erforderlichen Genehmigungen (für rechtmäßigen Aufenthalt und Arbeitserlaubnis) durch Arbeitnehmer	- Einhaltung der rechtlichen und steuerrechtlichen Vorschriften, da bei Verstoß harte Sanktionen drohen - Möglichst vollständiges Weisungsrecht russischem Unternehmen übertragen - Beantragung der erforderlichen Genehmigungen (für rechtmäßigen Aufenthalt und Arbeitserlaubnis) durch Arbeitnehmer
Informationsbereitstellung	- Aufklärung über rechtliche Situation im Einsatzland hinsichtlich Steuern, Sozialversicherung, anwendbares Recht, Arbeitsverträge, Entsendungsmodelle - Aufklärung über Arbeits- und Lebensbedingungen, Kultur - Auskunft über notwendige Versicherungen und Schutzimpfungen	- Auskünfte über familiäre Situation, Wünsche und Ängste des Expatriates hinsichtlich der Entsendung - Ärztliche Untersuchung, ob Expatriate für Auslandseinsatz gesundheitlich geeignet ist	- Nachweis der Qualifikationen des Expatriates

Vergütung	- Höhere Vergütung als Anreiz für Entsendung - Übernahme der zusätzlich entstehenden Kosten durch Arbeitgeber (Umzug, Reisekosten, Schulgeld, Kaufkraftausgleich, Versicherungskosten usw.)	- Möglichst Personalkosten, Steuern und Sozialabgaben gering halten - Allerdings Zugeständnisse zu Gunsten des Expatriates, um Entsendungsprojekt erfolgreich durchzuführen und durch Vergütung und Nebenleistungen Anreize zu schaffen - Pauschale Abgeltung von Überstunden mit Grundvergütung	- Möglichst kein zusätzlicher materieller und administrativer Aufwand durch Eingliederung des Expariates in Unternehmen (z.B. bei Personalkostenabrechnung und Auszahlung der Vergütung)
Beendigung	- Ausschluss der ordentl chen Kündigung während Entsendung - Wiedereingliederung nach Entsendung möglichst in höhere Position - Rückrufrecht in Notsituationen - Keine Amortisationsklausel bei vorzeitiger Beendigung	- Ordentliche Kündigung möglich - Kündigung des Entsendungsvertrages schlägt auf Heimarbeitsvertrag durch - Oftmals kein Interesse an Wiedereinstellungszusage, wenn doch gewünscht, dann ohne konkrete Zusicherung einer bestimmten Position - Jederzeitiges Rückrufrecht - Gründe und Kostenregelung bei vorzeitiger Beendigung der Entsendung	- Ordentliche Kündigung möglich - Kündigungsrecht steht Einsatzunternehmen zu
Steuern	- Steuervorteile nutzen	- Steuervorteile nutzen	- Steuervorteile nutzen
Sonstiges	- Einfaches leicht verständliches Modell	- Einfach handhabbares Modell, möglichst wenig administrativer Aufwand	- Einfach handhabbares Modell, möglichst wenig administrativer Aufwand

Eigene Darstellung

Aus der Tabelle wird deutlich, dass das Hauptziel des Heimatunternehmens grundsätzlich darin besteht, eine erfolgreiche Entsendung zur Erfüllung der vorgesehenen Aufgaben (z.b. Know-how-Transfer) mit möglichst geringem Kosten- und administrativem Aufwand durchzuführen.

Im Gegensatz dazu steht das Interesse des Entsandten, der die Entsendung als persönliche und berufliche Chance erkennt um sich weiterzubilden und zu entwickeln. Für den Auslandseinsatz fordert der Entsandte eine angemessene Vergütung und dass ihm keine zusätzlichen Kosten durch bspw. zweiten Wohnsitz am Einsatzort, Umzug oder notwendige Versicherungen entstehen. Darüber hinaus hat der Arbeitnehmer zumeist ein hohes Sicherheitsbedürfnis, insbesondere hinsichtlich des Verbleibs in der deutschen Sozialversicherung und der Wiedereingliederung in das Heimatunternehmen nach seiner Rückkehr.

Für das russische Einsatzunternehmen steht das Nutzen der Erfahrungen und des Know-how des entsandten Mitarbeiters zu möglichst geringen Kosten und minimalem administrativen Aufwand im Vordergrund.

Da das Heimatunternehmen beabsichtigt, bestimmte Ziele durch die Entsendung des Mitarbeiters zu erreichen, wird es eher bereit sein, im Rahmen seiner Möglichkeiten dem Expatriate Zugeständnisse hinsichtlich Kostenübernahmen und zusätzlicher Unterstützung (z.B. Beratung, Informationsbereitstellung, Abschluss privater Zusatzversicherungen) zu gewähren. Diese zusätzliche Übernahme von Verpflichtungen, trägt einerseits maßgeblich zum Gelingen der Entsendung bei, andererseits führt sie zu einem erheblichen Kostenaufwand für das Heimatunternehmen.

Der Expatriate ist zudem i.d.R. in der stärkeren Position, da längere Entsendungen grundsätzlich seiner Zustimmung bedürfen. Des Weiteren ist nicht jeder Mitarbeiter bereit, für eine gewisse Zeit im Ausland tätig zu werden. Demzufolge sind Anreize zur Motivation des Mitarbeiters und zur Attraktivität der Entsendung notwendig.

Auch das Einsatzunternehmen muss wesentliche Abstriche hinsichtlich seiner Interessen hinnehmen, da die zwingenden russischen Vorschriften einen Arbeitsvertragsabschluss zwischen Expatriate und Einsatzorganisation erfordern. Dementsprechend hat das Einsatzunternehmen als Arbeitgeber entsprechende zwingende Pflichten zu erfüllen (z.B. Abführung der Steuern- und Sozialbeiträge, Beantragung der Arbeitserlaubnis und Aufenthaltsgenehmigungen, Registrierung bei der Migrationsbehörde).

Aus dieser Gegenüberstellung der Interessen kann geschlussfolgert werden, dass der Expatriate i.d.r. bei der Vertragsgestaltung begünstigt wird, um die Motivation und den Erfolg des Projektes zu fördern.

2. Heimatarbeitsvertrag mit dem entsendenden Unternehmen

Der Arbeitsvertrag mit der Heimatgesellschaft bildet den Grundstock des Arbeitsverhältnisses und bindet den Arbeitnehmer entsprechend an das deutsche Unternehmen. Diese Anbindung an das Stammunternehmen kann für den Verbleib in der deutschen Sozialversicherung sowie für die Weitergeltung der betrieblichen Altersversorgung relevant sein (s. Ziff. C. III. 1 sowie Ziff. E. IV. 4. b. pp).

a. Anwendbares Recht

Der lokale Arbeitsvertrag mit dem deutschen Unternehmen unterliegt i.d.R. deutschem Recht, da es sich um einen Inlandssachverhalt handelt. Übernimmt der Arbeitnehmer in verschiedenen Ländern Funktionen, müsste das anwendbare Recht für den Einzelfall bestimmt werden.

b. Direktionsrecht

Nach dem deutschen Recht kann der Arbeitgeber im Rahmen des Direktionsrechtes die im Arbeitsvertrag lediglich umrissene Tätigkeit hinsichtlich Zeit, Ort und Art der zu erbringenden Leistung einseitig konkretisieren[399].

Fraglich ist, ob eine Entsendung noch durch das Direktionsrecht gedeckt ist. Dies ist von der entsprechenden Form und Dauer der Entsendung abhängig. Eine Dienstreise mit nur kurzfristigem Aufenthalt im Ausland kann durchaus noch durch das Weisungsrecht des Arbeitgebers gedeckt sein[400]. Demgegenüber reicht das Direktionsrecht bei einer Abordnung, Delegation oder gar einer Versetzung nicht mehr aus[401]. Es ist hierbei das Einverständnis des Arbeitnehmers einzuholen[402], was in der Praxis durch den Entsendungsvertrag bzw. eine Zusatzvereinbarung erreicht wird.

---

[399] *BAG*, DB 1985, 2689, 2690; *BAG*, NZA, 1990, 561; *BAG*, NJW 1996, 1770; *Brox/Walker*, § 20, Rn. 2; *Dütz*, Rn. 54; *Heuser/Heidenreich/Fritz*, Rn. 73; *Thüsing*, Rn. 247.

[400] *Mastmann/Stark*, BB 2005, 1849, 1852.

[401] *Kamphoff*, S. 11; *Thüsing*, Rn. 249.

[402] *BAG*, NZA 1990, 32; *Junker*, S. 220; *Pohl*, NZA 1998, 735, 738.

Die Zustimmung des Arbeitnehmers kann sich jedoch auch aus einer sogenannten Versetzungsklausel des Heimatanstellungsvertrages ergeben. Um Wirksamkeit zu entfalten muss die Versetzungsklausel im Rahmen der AGB-Kontrolle (gem. § 307 ff. BGB) angemessen und zumutbar sein[403]. Dies ist bspw. gegeben, wenn der Arbeitgeber mehrere Monate im Voraus die Versetzung ankündigt[404].

Zur Rechtslage bei Versetzungen im russischen Recht wird auf Ziff. E. I. 1. b. aa. dieser Ausarbeitung verwiesen.

3. Ruhensvereinbarung

Für die Ruhensvereinbarung ist ebenfalls deutsches Recht heranzuziehen.

Die sogenannte Ruhensvereinbarung kann als gesonderte Vereinbarung zwischen dem entsandten Arbeitnehmer und dem Stammhaus oder direkt in den Entsendungsvertrag aufgenommen werden.

Die Ruhensvereinbarung sollte die Hauptleistungspflichten des Heimatanstellungsvertrages beider Vertragsparteien ruhend stellen[405], insbesondere den Vergütungsanspruch des Arbeitnehmers sowie den Anspruch auf Arbeitsleistung des Arbeitgebers.

Darüber hinaus müsste sie Bestimmungen enthalten, dass die Nebenpflichten des originären Arbeitsvertrages bestehen bleiben sollen[406]. Dies umfasst u.a. auf Seiten des Arbeitnehmers die Geheimhaltungspflicht, Nebentätigkeits- und Wettbewerbsverbot sowie Regelungen über Arbeitnehmererfindungen und auf Seiten des Arbeitgebers die Einhaltung der Fürsorgepflicht[407].

Zudem erscheint eine Regelung in der Ruhensvereinbarung für den Expatriate sinnvoll, wonach die Entsendung keine Unterbrechung der Betriebszugehörigkeit sowie der Wartezeiten nach dem Bundesurlaubsgesetz bzw. dem Kündigungsschutzgesetz nach sich zieht[408].

---

[403] *BAG*, NZA 2006, 1149; *BAG*, NZA 2007, 145.
[404] *Mastmann/Stark*, BB 2005, 1849, 1852.
[405] *Mütze/Popp*, S. 71.
[406] *Gemmel*, AuA 2008, 270, 273.
[407] *Küttner – Kreitner*, Auslandtätigkeit, Rn. 6 m.w.N.
[408] *Gemmel*, AuA 2008, 270, 273.

4. Zusatzvereinbarung

a. Anwendbares Recht

Für das anwendbare Recht gelten die Ausführungen in Ziff. E. III. 1 entsprechend. Demnach findet grundsätzlich deutsches Recht Anwendung[409], wobei die zwingenden russischen Arbeitsrechtsvorschriften maßgeblich Berücksichtigung finden müssen.

Die russische Rechtsordnung kennt weder den Begriff der Entsendung noch den des Entsendungsvertrages, daher fehlen größtenteils zwingende gesetzliche Regelungen in diesem Bereich, die sich durchsetzen könnten.

In der Praxis wird häufig deutsches Recht für den Entsendungsvertrag vereinbart werden, da der Arbeitsvertrag mit dem deutschen Unternehmen abgeschlossen wird und der Arbeitnehmer meist die deutsche Staatsangehörigkeit besitzt sowie gewöhnlich seinen Wohnsitz und Aufenthalt in Deutschland hat.

b. Inhalt der Zusatzvereinbarung

Die Zusatzvereinbarung wird zwischen dem Arbeitgeber in Deutschland und dem Expatriate abgeschlossen. Diese Vereinbarung soll die speziellen Rechte und Pflichten während des Zeitraums der Entsendung sowie die Bedingungen der Entsendung möglichst genau abbilden[410]. Der Mindestinhalt ist in § 2 Abs. 2 NachwG für Entsendungen von über einem Monat vorgeschrieben (s. Ziff. E. I. 1. b.). Danach muss die Entsendungsvereinbarung die Dauer der Auslandtätigkeit, die Währung des Arbeitsentgeltes, zusätzliche Entgelte bzw. Sachleistungen sowie Vereinbarungen über die Rückkehr des Arbeitnehmers enthalten.

Diese Vorschriften bilden nur den äußersten Rahmen einer Entsendungsvereinbarung. In der Praxis haben sich darüber hinaus vielfältige regelungsbedürftige Problembereiche herausgebildet, die im Folgenden vorgestellt werden:

---

[409]   *Mauer*, Rn. 365.
[410]   *Mauer*, Rn. 364.

aa. Orientierungsreise

Oftmals wird dem Mitarbeiter vor Entsendung ins Ausland die Möglichkeit gewährt, eine Orientierungsreise zu seinem zukünftigen Einsatzort vorzunehmen[411]. Dies soll dem Mitarbeiter die Entscheidung über den Auslandseinsatz erleichtern. Die Zusatzvereinbarung sollte die Leistungen, welche das Unternehmen für das Vorhaben zur Verfügung stellt aufnehmen. Weiterhin sollte sie einen Ablaufplan mit wesentlichen Zielen für die Reise vorgeben, um den Zweck der Reise zu gewährleisten.

bb. Aufenthalts- und Arbeitsgenehmigung

Voraussetzung, um in der RF tätig zu werden, ist die Einhaltung der Einreise- und Aufenthaltsbestimmungen sowie das Vorliegen der für die Tätigkeit erforderlichen Genehmigungen (Arbeitsgenehmigung und -erlaubnis), wie bereits unter Ziff. C. I. 1 und 2 näher ausgeführt wurde.

Im Rahmen des deutschen Arbeitsrechtes kann sowohl der Arbeitgeber als auch der Arbeitnehmer dazu verpflichtet werden, die behördlichen Genehmigungen zur Einreise in das Einsatzland und zur Tätigkeit zu beantragen. Für den Fall, dass der Arbeitnehmer diese Pflicht übernimmt, wird ihm i.d.R. auch dann der Lohnanspruch gewährt, wenn sich aufgrund von Problemen die Erteilung der erforderlichen Genehmigung verzögert und er aus diesem Grunde die Tätigkeit nicht aufnehmen kann[412].

Bei dieser Regelung setzen sich die zwingenden Vorschriften des russischen Arbeitsrechtes gegen die deutschen Vorschriften durch.

Danach ist der Arbeitgeber verpflichtet die Arbeitserlaubnis und -genehmigung sowie die Aufenthaltsgenehmigung für den Arbeitnehmer zu besorgen[413].

Detaillierte Informationen zu den erforderlichen Genehmigungen sowie Verfahrensweisen werden im Abschnitt C. I. 2 dargestellt.

---

[411]   *Mütze/Popp*, S. 87.
[412]   *Gnann*, S. 58.
[413]   Gesetz „Über die Rechtslage ausländischer Staatsbürger in der Russischen Föderation" Nr. 115-F3
v. 25.07.2002.

cc. Dauer der Entsendung

Die Dauer der Entsendung wird i.d.R. zeitlich befristet bzw. auf die Fertigstellung eines Projektes bzw. Teilprojektes festgelegt[414]. Dabei ist zu beachten, dass das russische Recht eine Höchstgrenze von fünf Jahren für eine Befristung vorsieht (s. Ziff. E. I. 1. b. bb. aaa.). Mögliche Verlängerungsoptionen der Entsendung sollten bereits bei Abschluss des Vertrages Berücksichtigung finden[415].

Des Weiteren kann es sinnvoll sein, den Entsendungsvertrag unter eine aufschiebende Bedingung zu stellen, bspw. bei Aufnahme der Tätigkeit oder bei Vorliegen der Arbeitserlaubnis bzw. Aufenthaltsgenehmigung[416]. Dies ist insbesondere in Russland von enormer Bedeutung, da nur in den Ausnahmefällen des Art. 13 des Föderalen Gesetzes über die rechtliche Lage ausländischer Staatsbürger[417] ein ausländischer Mitarbeiter keiner Arbeitserlaubnis für die Auslandtätigkeit bedarf, so z.B. für akkreditierte Journalisten oder Studenten, die zu Studienzwecken befristete Ferienjobs ausüben.

Zudem kann es innerhalb des komplexen und zeitaufwendigen Verfahrens bei der Beschaffung der erforderlichen Genehmigungen zu Verzögerungen kommen, die ohne eine aufschiebende Bedingung den Arbeitnehmer in Leistungsverzug versetzen würden.

dd. Aufgabenbereich/Weisungsrecht

Grundsätzlich erstreckt sich das Weisungsrecht des Arbeitgebers auch auf eine Auslandtätigkeit; es muss jedoch nach billigem Ermessen ausgeübt werden[418].

Um Konflikte von vornherein zu vermeiden ist es notwendig, die konkrete Funktion des Mitarbeiters in die Zusatzvereinbarung aufzunehmen sowie die fachliche und disziplinarische Unterstellung klar zu regeln. Organisatorisch kann der Entsandte im Stammhaus einer zentralen Auslandsabteilung oder einer Sachabteilung unterstellt werden. Weiterhin sollten auch regelmäßige Berichtspflichten festgelegt und ein Ansprechpartner im Heimatunternehmen für Probleme benannt werden.

---

[414] *Balashova/Wedde*, AuA 2008, 83, Abb. Checkliste 1.
[415] *Gnann*, S. 40; *Mütze/Popp*, S. 80.
[416] *Balashova/Wedde*, AuA 2008, 83, Abb. Checkliste 1; *Mütze/Popp*, S. 86.
[417] Gesetz „Über die Rechtslage ausländischer Staatsbürger in der Russischen Föderation" Nr. 115-F3 v. 25.07.2002.
[418] *Mauer*, Rn. 381.

ee. Arbeitszeit, Feiertage

Es erscheint sinnvoll, in der Zusatzvereinbarung Regelungen über die Arbeitszeit, die Feiertage sowie die Urlaubstage aufzunehmen. Dabei müssen die zwingenden Vorschriften des russischen Rechts Beachtung finden. Bspw. gilt das deutsche Arbeitszeitgesetz aufgrund des Territorialitätsgrundsatzes nur auf dem Gebiet der Bundesrepublik Deutschland[419]. Demzufolge bestimmen sich die Vorschriften der Arbeitszeit ausschließlich nach russischem Recht (s. Ziff. E. I. 1. b. cc. aaa).

Ähnlich verhält es sich auch mit dem Verbot an Feiertagen zu arbeiten. Dieses Beschäftigungsverbot ist ebenfalls nach dem Territorialitätsprinzip anzuwenden[420]. Demnach gelten auf dem Gebiet der RF auch die russischen Feiertage.

Häufig kommen in der Praxis Regelungen im Entsendungsvertrag zur Anwendung, wonach mit der Vergütung für den Auslandseinsatz bereits die anfallenden Überstunden abgegolten sind[421]. Derartige Klauseln sind mit Vorsicht zu genießen, da das russische Recht konkrete Abgeltungsregelungen für Überstunden vorsieht (s. Ziff. E. I. 1. b. cc. aaa) und eine pauschale Abgeltung unwirksam sein könnte.

ff. Vergütung

Bei der Vergütung der Mitarbeiter für den Auslandseinsatz müssen zwei Aspekte Beachtung finden und gegeneinander abgewogen werden. Zum Einen muss die Vergütung so hoch sein, dass sie die Entsendung attraktiv macht – sozusagen einen Anreiz schafft, zum Anderen muss auch für das Unternehmen eine zumutbare Kostenbelastung gegeben sein[422].

aaa. Vergütungsmodelle

In der Praxis stellt sich die Frage, wie man die Vergütung während der Entsendung gestalten kann. Dazu haben sich im Wesentlichen vier Vergütungsmodelle herausgebildet, die kurz im Überblick dargestellt werden sollen.

Die Vergütungsmodelle variieren je nach der Unternehmensstrategie und dem Grad der Internationalisierung des betroffenen Unternehmens[423].

---

[419]   *BAG* v. 12.12.1990, NZA 1991, 386 f.
[420]   *Mauer*, Rn. 379; *Müller*, S. 342; *MünchArbR – Birk*, § 20 Rn. 152.
[421]   *Mütze/Popp*, S. 84.
[422]   *Mauer*, Rn. 183.
[423]   *Mauer*, Rn. 186.

Ist das entsendende Unternehmen eher national orientiert, findet überwiegend das heimatorientierte Vergütungsmodell Anwendung[424]. Dieses basiert darauf, dass der Mitarbeiter im Ausland ein seiner Position im Heimatland entsprechendes Gehalt bezieht, welches durch zusätzliche Vergütungsbestandteile aufgestockt wird[425].

Die zusätzlichen Komponenten dienen dazu, die durch den Auslandsaufenthalt entstandenen Mehraufwendungen zu kompensieren.

Vorteilhaft gestaltet sich beim heimatorientierten Vergütungsmodell die Wiedereingliederung nach Rückkehr des Mitarbeiters von der Entsendung, da durch den Wegfall der zusätzlichen Bestandteile leicht das Inlandsgehalt wieder hergestellt werden kann[426]. Nachteilig für die Integration kann sich darüber hinaus auswirken, dass dem Entsandten und dem lokalen Arbeitnehmer in gleicher Position stark abweichende Gehälter zustehen.

Das zweite, sogenannte gastlandorientierte Vergütungsmodell, stellt die Funktion des Expatriates in den Mittelpunkt[427]. Danach soll an einem Tätigkeitsort für alle Mitarbeiter in vergleichbarer Funktion die gleiche Gehaltsstruktur gelten[428]. Unberücksichtigt bleiben soll dabei, woher der Mitarbeiter stammt oder wo er beschäftigt ist[429]. Diese unabhängige Berücksichtigung führt zu einer Gleichbehandlung des Entsandten mit den lokalen Mitarbeitern und verbessert die Integration im ausländischen Unternehmen. Ein Problem bei dem Einsatz in Russland ergibt sich daraus, dass bei diesem Modell die unterschiedlichen Lebensstandards und zusätzlich durch die Entsendung entstehenden Kosten zwischen Entsandtem und russischem Mitarbeiter unberücksichtigt bleiben.

Infolgedessen wird kaum ein Mitarbeiter bereit sein, zu niedrigeren Löhnen als in Deutschland zu arbeiten[430]. Für den Auslandseinsatz von deutschen Mitarbeitern in der RF ist dieses Modell somit nicht zu empfehlen.

Als drittes Modell kommt für multinationale Unternehmen das Zentraleorientierte Vergütungsmodell (Headquarters System) in Betracht[431].

---

424   *Laws/Koziner/Waldenmaier,* S. 46.
425   *Mauer,* Rn. 188.
426   *Mauer,* Rn. 189.
427   *Mauer,* Rn. 192.
428   *Laws/Koziner/Waldenmaier,* S. 46.
429   *Mauer,* Rn. 192.
430   *Laws/Koziner/Waldenmaier,* S. 48.
431   *Laws/Koziner/Waldenmaier,* S. 49.

Dabei ist für alle Einsatzländer und Expatriates das Gehaltsniveau der Zentrale maßgeblich[432].

Positiv hervorzuheben ist bei dieser Variante, dass alle entsandten Mitarbeiter unabhängig von der Herkunft und Staatsangehörigkeit nach gleichen Kriterien bezahlt werden[433]. Ein Problem im Zusammenhang mit der Entsendung von Deutschland nach Russland stellt die Höhe des durch die Zentrale festgelegten Lohnes dar. Für den Fall, dass die Zentrale ihren Sitz in Russland hätte, würde der Entsandte entsprechend dem russischen Gehaltsniveau – relativ niedrig – bezahlt werden. Folglich würde die Attraktivität der Auslandsentsendung leiden. Wäre die Zentrale demgegenüber in Deutschland ansässig, könnten sich Probleme daraus ergeben, dass der Entsandte Mitarbeiter aufgrund des relativ hohen Gehaltsniveaus in Deutschland gegenüber den lokalen Mitarbeitern bevorzugt würde, was die Integration des Expatriates erschweren könnte.

Schließlich kombinieren globale Unternehmen häufig die vorstehend genannten vorteilhaften Komponenten der einzelnen Modelle[434]. Diese werden als sogenannte Hybrid-Modelle bezeichnet[435]. Der Expatriate wird bei dieser Variante regelmäßig in das Gehaltssystem des Gastlandes (Russland) eingegliedert. Dies bedeutet für Russland, dass die strengen mit der Vergütung- und Auszahlung in Verbindung stehenden zwingenden Vorschriften eingehalten werden müssen[436]. Dies führt oftmals zu einem enormen administrativen Aufwand.

Es bleibt zu beachten, dass eine Eingliederung in das Gehaltssystem des Gastlandes durchaus Auswirkungen auf andere Bereiche haben kann, wie z.B. auf die Sozialversicherungspflicht (s. Ziff. C. III. 1.).

Übergreifend für alle Modelle sollte angestrebt werden, je länger eine Entsendung dauert, desto mehr müssten die Vergütungskomponenten des Heimatlandes abgebaut werden und die Vergütung an das Niveau des Einsatzlandes angeglichen werden[437].

---

432   *Mauer*, Rn. 195.
433   *Mauer*, Rn. 195.
434   *Mauer*, Rn. 198.
435   *Laws/Koziner/Waldenmaier*, S. 56.
436   *Wellmann*, IStR, 2008, 426, 428.
437   *Mauer*, Rn. 201.

bbb. Vergütungsbestandteile

I.d.R. erhält der Mitarbeiter ein Grundgehalt, welches durch bestimmte Funktions- und Positionszulagen während der Entsendung aufgestockt wird[438]. Diese Zulagen werden gewährt, da der Arbeitnehmer eine neue Position mit erweitertem Aufgabenbereich im Ausland übernimmt.

Grundsätzlich sind dem Entsandten alle Kosten zu ersetzen, die ihm nicht entstanden wären, wenn er den Auslandeinsatz nicht übernommen hätte. Der Expatriate kann für diese Kosten nach deutschem Recht analog zum Auftragsrecht[439] Aufwendungserstattungsansprüche geltend machen[440].

Der Arbeitgeber übernimmt in der Praxis zumeist die folgenden Kosten, die sogenannten Benefits:

- Auslandszulage;
- Kaufkraftausgleichs- Zulage[441];
- Mietkosten, Umzugskosten[442], Umzugsnebenkostenpauschale, Speditionskosten, Luftfrachttransporte, Malerkosten, Kosten für Sprachunterricht (bei längerer Entsendung);
- Verpflegungspauschale und Übernachtungskosten;
- Reisekosten für Ein- und Rückreise, Familienheimreisen, Kosten für Rückreisen bei schwerwiegender Erkrankung oder politischen Unruhen;
- Kostenübernahme für Dienstwagen, Mobiltelefon;
- Übernahme von Versicherungskosten;
- Fortführung der betrieblichen Altersvorsorge (s. Ziff. E. IV. 4. h. jj);
- Ausrüstungsbeihilfe.

Die Auslandszulage dient dazu, die immateriellen Belastungen, die im Zusammenhang mit der Auslandstätigkeit entstehen, abzugelten und zusätzlich einen Anreiz für die Annahme der Auslandstätigkeit zu

---

[438] *Heuser/Heidenreich/Fritz*, Rn. 107; *Mauer*, Rn. 205; *Mütze/Popp*, S. 82.
[439] *Däubler*, AuR, 1990, 1.
[440] BAG v. 26.07.1995, NZA 1996, 30 f.
[441] *Mauer*, Rn. 211.
[442] BAG v. 21.03.1973, AP Nr. 4 zu § 44 BAT; *BAG* v. 26.07.1995, NZA 1996, 30 f.

schaffen[443]. Diese Zulage variiert je nach den Erschwernissen und speziellen Lebensumständen im Einsatzland[444].

Oftmals wird dem Expatriate eine sogenannte Kaufkraftausgleichs-Zulage gewährt, diese soll dazu dienen, etwaig höhere Lebenshaltungskosten zu kompensieren[445]. Eine derartige Pauschale sollte für die Entsendung nach Moskau eingeplant werden, da Moskau nach einer Studie des Unternehmens Mercer im Jahr 2007 und 2008 als die teuerste Stadt der Welt eingestuft wurde[446]. Das Unternehmen Mercer stellt jährlich einen Lebenshaltungskostenindex von 143 Großstädten zusammen, worin die Preise von über 200 Produkten, welche für internationale Geschäftsleute maßgeblich sein könnten, ermittelt werden[447]. In den letzten zwei Jahren ging der Lebenshaltungskostenindex in Moskau rapide zurück; im Jahr 2010 belegte Moskau weltweit dennoch den 4. Platz der teuersten Städte[448].

Bei längeren Entsendungen sollten im Vertrag nicht nur die Umzugskosten, sondern möglichst auch die Rückumzugskosten geregelt werden. Zwar lässt die Rechtsprechung regelmäßig eine allgemeine Umzugskostenzusage auch für die Rückumzugskosten gelten[449], jedoch sollte hier von vornherein Klarheit in der Vereinbarung herrschen.

Die Umzugsnebenkostenpauschale soll dem Mitarbeiter die Möglichkeit geben, sich vor Ort im Ausland notwendige Anschaffungen zuzulegen[450]. Hierbei ist eine Staffelung nach Anzahl der Familienmitglieder sinnvoll, da sich der Grundbetrag für solche Anschaffungen bei einer größeren Familie deutlich erhöht.

Die Zusatzvereinbarung sollte neben der Kostenübernahme für den Sprachunterricht insbesondere die Anzahl der Stunden und den Anbieter beinhalten[451]. Zumeist wird vereinbart, dass die Unterrichtsstunden außerhalb der Arbeitszeit zu nehmen sind und auch ins Ausland übertragen werden können.

---

[443] *Gnann*, S. 66.
[444] *Gnann*, S. 66; *Mauer*, Rn. 217.
[445] *Mauer*, Rn. 211.
[446] *Sarodnick*, S. 64; Spiegel Online, Artikel vom 24.07.2008, Moskau ist die teuerste Stadt der Welt, unter: http://www.spiegel.de.
[447] Spiegel Online, Artikel vom 24.07.2008, Moskau ist die teuerste Stadt der Welt, unter: http://www.spiegel.de.
[448] Mercer, Aktuelle Cost-of-Living-Studie, unter: http://www.hr-training.mercer.com.
[449] *BAG* v. 26.07.1995, NZA 1996, 30 f.
[450] *Mütze/Popp*, S. 88.
[451] *Mütze/Popp*, S. 89.

In Bezug auf die Reisekosten sollte im Vertrag vereinbart werden, welches Verkehrsmittel genutzt werden soll. Üblich ist i.d.R. das schnellste öffentliche Verkehrsmittel zum günstigsten Preis[452]. Die Reisezeit wird gewöhnlich als Arbeitszeit vergütet. Es sollte zudem festgelegt werden, wie oft bezahlte Heimreisen gestattet werden. Dies ist u.a. davon abhängig, ob der Mitarbeiter ledig oder verheiratet ist, ob die Familienmitglieder ihn begleiten oder nicht, bzw. wie weit entfernt der Einsatzort vom Heimatort ist[453].

Eine sogenannte Ausrüstungsbeihilfe kann dem entsandten Mitarbeiter gewährt werden, wenn der Mitarbeiter in bestimmte Kälte- oder Hitzezonen entsandt wird[454]. Dies kann in Russland durchaus relevant sein, da das Kontinentalklima erhebliche Unterschiede zum gemäßigten Klima in Deutschland aufweist.

ccc. Vergütungsauszahlung

Regelungsbedürftig im Zusammenhang mit der Vergütung ist weiterhin, wo und durch wen die Auszahlung des Gehaltes erfolgen soll. Es besteht zum einen die Möglichkeit, dass die Heimatgesellschaft vollständig die Vergütung an den entsandten Mitarbeiter auszahlt, andererseits kann auch vereinbart werden, dass die Gesellschaft am Einsatzort (Russland) den lokal üblichen Lohn auszahlt und die Heimatgesellschaft den Differenzbetrag zwischen lokaler Vergütung und Entsendungsvergütung übernimmt und auszahlt[455].

In diesem Zusammenhang wird darauf hingewiesen, dass die soeben beschriebenen Modelle immer im Zusammenhang mit dem zwingenden russischen Recht, der Unternehmensstrategie und den steuerlichen Aspekten betrachtet werden müssen.

Die zwingenden Vorschriften für den Erhalt der Arbeitsgenehmigung bzw. -erlaubnis setzen voraus, dass das Gehalt durch das russische Unternehmen ausgezahlt werden muss[456]. Demzufolge kommt eine vollständige Auszahlung durch die Heimatgesellschaft nicht in Betracht.

---

[452]   *Gnann,* S. 47.
[453]   *Heuser/Heidenreich/Fritz,* Rn. 113.
[454]   *Gnann,* S. 49.
[455]   *Mauer,* Rn. 203 f.
[456]   *V. Ruch,* Personal Manager 2006, 26.

Eine ausführliche Prüfung der Auszahlungsmodelle ist in dieser Ausarbeitung nicht vorgesehen, da der Umfang dieser Beurteilung den Rahmen sprengen würde.

ddd. Fortführung der Vergütung

Häufig wird für den entsandten Mitarbeiter während seines Auslandsaufenthaltes von der Heimatgesellschaft ein sogenanntes Schattengehalt fortgeführt[457]. Der Arbeitgeber führt dabei weiterhin die Gehaltsabrechnung durch, zahlt aber das Gehalt nicht aus[458]. Dadurch soll gewährleistet werden, dass der Mitarbeiter trotz Abwesenheit an der Gehaltsentwicklung teilnimmt und bei Rückkehr ein angemessener Lohn festgelegt werden kann[459]. Außerdem dient das Schattengehalt i.d.R. als Bemessungsgrundlage für Beiträge zur betrieblichen Altersvorsorge und Sozialversicherung[460], welche durch den Arbeitgeber während der Entsendung weitergezahlt werden können.

Die Vereinbarung eines Schattengehaltes unterliegt allein der Privatautonomie der Vertragsparteien[461] und erfordert somit eine Regelung in der Zusatzvereinbarung.

gg. Lohnfortzahlung im Fall von Krankheit oder Tod

Es sollte über eine Regelung nachgedacht werden, die im Falle der Krankheit des Arbeitnehmers die Lohnfortzahlung regelt sowie im Todesfall, den Unterhaltsberechtigten eine angemessene Fortzahlung gewährt (z.B. volle Bezüge für zwei Monate nach dem Tod). In diesem Zusammenhang muss darauf hingewiesen werden, dass möglicherweise die zwingenden russischen Regelungen hier Beachtung finden (s. Ziff. E. I. 1. b. ff.) und somit bspw. nur sehr geringe Beträge im Krankheitsfall gezahlt werden.

hh. Ärztliche Untersuchung

Im Rahmen der Fürsorgepflicht sollte das entsendende Unternehmen den Mitarbeiter im Hinblick auf seinen Auslandseinsatz ärztlich untersuchen lassen[462]. Das russische Recht regelt dazu konkret und zwingend im Arbeitsgesetzbuch unter Art. 72.1, dass Versetzungen nicht zulässig sind,

---

[457]   *Mauer*, Rn. 226.
[458]   *Laws/Koziner/Waldenmaier*, S. 56.
[459]   *Laws/Koziner/Waldenmaier*, S. 56.
[460]   *Mauer*, Rn. 226.
[461]   *Heuser/Heidenreich/Fritz*, Rn. 140.
[462]   *Gnann*, S. 58.

wenn sie nicht mit dem Gesundheitszustand des Arbeitnehmers vereinbar sind. Eine Versetzung könnte im russischen Recht mit einer Entsendung innerhalb eines Unternehmens unter Beibehaltung des Arbeitgebers vergleichbar sein. Ist dies der Fall, wäre Art. 71.1 ArbGB anwendbar und würde sich gegen deutsches Recht durchsetzen.

Zudem sollte der Arbeitgeber den Mitarbeiter auf empfohlene Schutzimpfungen hinzuweisen, die für das Einsatzland gelten[463]. Nach Auskunft des Auswärtigen Amtes werden für Reisen in die RF Tetanus, Diphtherie und Hepatitis A als Schutzimpfungen empfohlen sowie bei längeren Aufenthalten über vier Wochen zusätzlich Hepatitis B, Tollwut und FSME (Zecken)[464]. Eine Kostenübernahme der Firma für derartige Aufwendungen sollte eine Selbstverständlichkeit darstellen.

ii. Steuerabzug nach DBA, Fürsorgepflicht des Arbeitgebers

Häufig ist es möglich, den entsandten Arbeitnehmer auf Antrag im Inland von der Lohnsteuer zu befreien. Dazu beantragt der Arbeitnehmer bzw. der Arbeitgeber beim Finanzamt eine Freistellung von der Verpflichtung zur Vornahme des Steuerabzugs[465]. Bis zur Erteilung der Freistellungsbescheinigung ist der Mitarbeiter verpflichtet, sowohl die in- als auch ausländische Steuer abzuführen. Nach Genehmigung des Freistellungsantrages wird die einbehaltene Steuer vom Finanzamt erstattet[466]. Wann der Arbeitnehmer von der Lohnsteuer in Deutschland befreit ist bzw. der Steuerpflicht in Russland unterliegt wurde in Ziff. C. IV. 1 dargestellt.

Grundsätzlich ist der Arbeitgeber verpflichtet, den Mitarbeiter über Risiken im Zusammenhang mit der Entsendung zu informieren und ihn umfassend auf den Auslandseinsatz vorzubereiten[467].

Der Arbeitgeber hat nach deutschem Recht dafür Sorge zu tragen, dass der Mitarbeiter keine Nachteile durch die Entsendung im Hinblick auf die Sozialversicherung erleidet[468]. Demzufolge muss der Arbeitgeber den Mitarbeiter über die Weitergeltung der deutschen Sozialversicherung informieren[469] und bei möglichen Lücken entsprechende Lösungsvorschläge aufzeigen.

---

[463] *Gnann*, S. 58.
[464] Auswärtiges Amt, RF, Reise- und Sicherheitshinweise, unter: http://www.auswaertiges-amt.de.
[465] *Gnann*, S. 55; *Mauer*, S. 110.
[466] *Gnann*, S. 55.
[467] *Küttner – Kreitner*, Auslandstätigkeit, Rn. 6.
[468] *Mauer*, Rn. 376.
[469] *Mütze/Popp*, S. 56.

Keine allgemeine Hinweispflicht besteht dagegen für die Steuerpflicht im Ausland sowie den Umfang des Krankenversicherungsschutzes[470].

Besondere Erläuterungen zu dem Komplex der Sozialversicherung und damit verbundene Probleme sind im Abschnitt C. III. erläutert.

jj. Betriebliche Altersvorsorge

Die h.M. ist der Auffassung, dass sich das Altersversorgungsrecht nach dem Arbeitsvertragsstatut richtet[471]. Andererseits hat das BAG festgestellt, wenn sich der Anspruch gegen einen Versorgungsschuldner, der in Deutschland seinen Sitz hat, richtet, soll unabhängig vom Arbeitsvertragsstatut das BetrAVG[472] anzuwenden sein[473]. In dieser Entscheidung hat das BAG selbst bei einer Versetzung innerhalb des Konzerns, die in Deutschland ansässige Konzernmutter als Arbeitgeberin und Versorgungsschuldnerin eingestuft[474]. Demzufolge würde auch in diesem Fall das BetrAVG in vollem Umfang Geltung erlangen.

Bei Fortführung der Versorgungszusage empfiehlt es sich, bestimmte Regelungen in die Zusatzvereinbarung mit dem Stammhaus aufzunehmen. Diesbezüglich müsste bspw. dringend die Frage geklärt werden, ob während der Auslandstätigkeit Beiträge zur betrieblichen Altersvorsorge entrichtet werden oder ob der Zeitraum des Auslandseinsatzes lediglich als Jahre der Betriebszugehörigkeit angerechnet werden sollen[475]. Erfolgt weiterhin eine Beitragszahlung, muss eine klare Regelung über die Bemessungsgrundlage getroffen werden. Einerseits kann als Bemessungsgrundlage das im Inland fortgeschriebene Gehalt (sogenanntes Schattengehalt) vereinbart werden[476] oder andererseits das Gehalt zuzüglich der Auslandszulagen[477].

---

[470] *Küttner – Kreitner*, Auslandstätigkeit, Rn. 6.

[471] *BAG* v. 05.05.1955, AP BGB § 242 Ruhegehalt Nr. 4; *BAG* v. 13.05.1959, AP Internationales Privatrecht, Arbeitsrecht Nr. 4; *Müller*, S. 421; *Staudinger – Magnus*, Art. 30 EGBGB, Rn. 246 m.w.N.

[472] Gesetz zur Verbesserung der betrieblichen Altersversorgung (Betriebsrentengesetz - BetrAVG) v. 19.12.1974, BGBl. I S. 3610.

[473] *BAG* v. 06.08.1985, 3 AZR 186/83; *Heuser/Heidenreich/Fritz*, Rn. 253.

[474] *BAG* v. 06.08.1985, 3 AZR 186/83.

[475] *Gnann*, S. 165; *Laws/Koziner/Waldenmaier*, S. 135.

[476] *Heuser/Heidenreich/Fritz*, Rn. 256.

[477] *Mauer*, Rn. 475.

kk. Arbeitnehmererfindung

Es wird ausdrücklich darauf hingewiesen, dass der GmbH-Geschäftsführer im deutschen Recht nicht vom Anwendungsbereich des Arbeitnehmererfindungsgesetzes erfasst wird[478]. Demzufolge empfiehlt sich aus Sicht des Arbeitgebers eine Klausel aufzunehmen, welche die Verfahrensweise bei Erfindungen des Geschäftsführers, insbesondere die Vergütung, regelt. Hinsichtlich der Problematik der Einordnung des Geschäftsführers als Arbeitnehmer bzw. als Dienstverpflichteter wird auf Ziff. B. II. 2. c. bb. verwiesen.

ll. Vorzeitige Beendigung

Es ist dringend anzuraten im Entsendungsvertrag eine Klausel aufzunehmen, welche die vorzeitige Beendigung und die damit verbundenen Kosten regelt. Gründe für eine vorzeitige Beendigung des Auslandseinsatzes könnten bspw. die Krankheit des Mitarbeiters, ein Unfall, ein Notfall in der Familie oder auch die Veränderung politischer oder gesellschaftlicher Rahmenbedingungen sowie Naturkatastrophen darstellen[479]. In den vorstehend genannten Umständen sollte die Rückholung auf Kosten der entsendenden Firma eine Selbstverständlichkeit sein.

Ein wichtiges Problem, welches dringend einer Regelung im Entsendungsvertrag bedarf, stellt sich, wenn der Expatriate vor Ablauf des Auslandseinsatzes aus einem von ihm zu vertretenden Grund gekündigt wird oder selbst kündigt. Das Unternehmen investiert bei einer Entsendung viel in den Mitarbeiter und es bleibt die Frage offen, ob möglicherweise anteilige Kosten für den bisher nicht erbrachten Teil der Entsendung vom Mitarbeiter zurückgefordert werden können[480]. Die Rückforderung der gesamten entstanden Kosten ist nicht möglich, jedoch können Reise- und Umzugskosten vom Expatriate zurückgefordert werden[481]. Dabei kommt es maßgeblich auf den Kündigungsgrund an und wer diesen zu vertreten

---

[478] *BGH* v. 24.10.1989, GRUR 1990, 193; *BGH* v. 11.04.2000, GRUR 2000, 788; *Kraßer*, Dritter Abschnitt, § 21, II. a) persönlicher Anwendungsbereich; *Müller/Winkeljohann – Axhausen*, § 5, Rn. 26.

[479] *Gnann*, S. 59.

[480] *Mütze/Popp*, S. 90.

[481] *Gemmel*, AuA 2008, 270, 272, Abb. Checkliste 1; *Laws/Koziner/Waldenmaier*, S. 133.

hat[482]. Bei einer betriebsbedingten Kündigung kann bspw. keine Rückzahlung verlangt werden[483].

Entsprechende Regelungen können in einer sogenannten Amortisationsklausel aufgenommen werden. Es wird jedoch darauf hingewiesen, dass eine solche Klausel nach Treu und Glauben zumutbar sein muss und demzufolge unwirksam ist, sofern sie das Kündigungsrecht des Arbeitnehmers einschränkt[484] oder die Höhe eines Monatsgehaltes des Entsandten übersteigt[485].

mm. Kündigung während der Entsendung

Fraglich ist, nach welchem Recht sich die Kündigungsregelungen bestimmen. Nach Art. 12 Abs. 1 d) Rom I-VO (alt Art. 32 Abs. 1 Nr. 4 EGBGB) ist *„für die verschiedenen Arten des Erlöschens"* bzw. der Aufhebung von Verpflichtungen aus dem Vertrag das Arbeitsvertragsstatut maßgeblich[486] (s. Ziff. D. II.). Dieses hängt u.a. davon ab, welches Vertragsmodell von den Parteien gewählt wurde.

Bei einer Entsendung im Rahmen des Mehrvertragsmodells könnte durch die Bindung des Expatriates an das Heimatunternehmen und die Mitwirkung der Heimatgesellschaft an der Begründung und Gestaltung des ausländischen Anstellungsvertrages[487], u.U. deutsches Recht bei Beendigung des Arbeitsverhältnisses Anwendung finden[488]. Dies würde, sofern der Anwendungsbereich des KSchG erfüllt wäre, die Anwendung des deutschen Kündigungsschutzgesetzes (KSchG) mit einschließen[489].

Daneben kann die Anwendbarkeit des KSchG zwischen den Parteien durch Vereinbarung geregelt werden. Das Urteil vom 21.01.1999 des BAG führt dazu aus, dass die Vereinbarung einer Versetzungsklausel mit dem deutschen Unternehmen während des Auslandseinsatzes als konkludente Vereinbarung des Kündigungsschutzes gewertet wird[490] und somit die Anwendung des KSchG begründet.

---

[482]   *Laws/Koziner/Waldenmaier*, S. 133 f.

[483]   *Gemmel*, AuA 2008, 270, 272, Abb. Checkliste 1.

[484]   *BAG* v. 21.03.1973, AP § 44, BAT Nr. 4.

[485]   *Gemmel*, AuA 2008, 270, 272, Abb. Checkliste 1; *Laws/Koziner/Waldenmaier*, S. 134.

[486]   *MüKo – IPR – Martiny*, Art 8 Rom I – VO, Rn. 100.

[487]   *Laws/Koziner/Waldenmaier*, S. 129.

[488]   *BAG* v. 21.01.1999, NZA 1999, 539 ff.; *BeckOK – ArbR – Rolfs*, KSchG § 1, Rn. 15.

[489]   *BeckOK – ArbR – Rolfs*, KSchG § 1, Rn. 15; *Mauer*, Rn. 401.

[490]   *BAG* v. 21.01.1999, NZA 1999, 539 ff.

Es bleibt zu berücksichtigen, dass auch bei der Kündigung die international zwingenden Vorschriften des russischen Arbeitsrechtes herangezogen
werden müssen. Dabei gilt das russische Recht, wenn es dem Arbeitnehmer einen besseren Schutz gewährt[491]. Ein Vergleich der Rechtsordnungen hinsichtlich der Kündigungsmöglichkeiten wurde im Abschnitt
D. III. 3. ausführlich dargestellt.

Bestimmt sich das Vertragsstatut nach russischem Recht, entschied das
BAG, dass sich das Kündigungsschutzgesetz nicht gem. Art. 9 Rom I-VO
(alt Art. 34 EGBGB) als Eingriffsnorm gegenüber dem ausländischen Vertragsstatut durchsetzt[492].

Ferner ergeben sich vielfältige praktische Probleme zum Thema Kündigung, welche im Folgenden beispielhaft aufgezeigt werden.

Zunächst muss bei Bestehen mehrerer Verträge geklärt werden, wer als
Arbeitgeber angesehen wird und somit die Kündigung aussprechen darf.

Weiterhin muss bedacht werden, auf welchen Vertrag sich die Kündigung
bezieht. Es kann nicht davon ausgegangen werden, dass sich die Kündigung automatisch auf alle Verträge des Mehrvertragsmodells erstreckt[493].
Wird dementsprechend lediglich der Entsendungsvertrag gekündigt, leben die Rechte und Pflichten des Heimatvertrages wieder auf[494]. Somit
muss die Kündigung so ausgestaltet sein, dass sich klar ergibt, welche
Verträge Gegenstand der Kündigung sein sollen.

Um dieser Problematik entgegenzuwirken beinhalten Entsendeverträge
häufig Regelungen, welche vorsehen, dass eine Kündigung des russischen
Unternehmens auf das Arbeitsverhältnis des Heimatunternehmens
durchschlagen soll. Diese Konstellation ist nicht unproblematisch, da bei
befristeten   Verträgen   eine   auflösende   Bedingung   nach
§§ 21, 14 Abs. 1 TzBfG nur eingeschränkt zulässig ist. Weiterhin kann eine
derartige Regelung unwirksam sein, da sie möglicherweise zur Umge-
hung des Kündigungsschutzes dient[495]. Demzufolge sollte, um Unsicher-
heiten zu vermeiden, sowohl die Heimatgesellschaft als auch das
Stammhaus eine eigene Kündigung aussprechen[496]. Diese beiden

---

491   *Mastmann/Stark,* BB 2005, 1849, 1852.
492   *BAG,* DB 1990, 1668; *BeckOK-ArbR – Rolfs,* § 1 KSchG, Rn.20; *Müller,* S. 408;
      Schlachter, NZA 2000, 57, 62; a.A. *MünchArbR – Birk,* § 20 Rn. 93.
493   *Mütze/Popp,* S. 78.
494   *Heuser/Heidenreich/Fritz,* Rn. 160.
495   *Laws/Koziner/Waldenmaier,* S. 130.
496   *Mastmann/Stark,* BB 2005, 1849, 1852.

Kündigungen sollten dem Mitarbeiter separat, aber möglichst zeitgleich zugehen[497].

Eine Ausnahme ist lediglich für den Fall der außerordentlichen Kündigung des ausländischen Anstellungsvertrages anzunehmen. Diese Kündigung wird auch auf den ruhenden Heimatarbeitsvertrag durchschlagen[498].

Nicht weniger unsicher erscheint die Problematik des Zugangs der Kündigung. Der Zugang unter Anwesenden ist im deutschen Recht gegeben, wenn der Entsandte die Kündigungserklärung wahrnimmt und verstehen kann[499]. Im deutschen Recht erfordert die Kündigungserklärung gem. § 623 BGB die Schriftform. Eine schriftliche Kündigung geht somit bei Übergabe an den entsandten Mitarbeiter über. In der Praxis sollte jedoch eine unabhängige Person als Zeuge für die Übergabe der Kündigungserklärung hinzugezogen werden, da der Arbeitgeber die Beweislast für den Zugang der Kündigung trägt[500].

Eine Kündigungserklärung geht unter Abwesenden erst zu, wenn sie so in den Machtbereich des Entsandten gelangt, dass dieser unter gewöhnlichen Umständen von der Mitteilung Kenntnis erlangt[501]. Dies ist i.d.R. mit Einwurf der Kündigung in den Briefkasten gegeben, sofern mit der Leerung des Briefkastens zu rechnen ist[502]. Oftmals verlegt der Expatriate seinen Wohnsitz ins Ausland oder hält einen Wohnsitz im Inland sowie einen im Ausland vor. Hier ist fraglich, wo der Zugang der Kündigung zu erfolgen hat. Maßgeblich ist hier, wo der Entsandte gewöhnlich seine Post entgegennimmt[503]. Es empfiehlt sich zur Vermeidung von Konflikten hinsichtlich des Zugangs, direkt im Vertrag eine Zugangsadresse festzulegen.

nn. Beteiligung Betriebsrat

Bei einer Entsendung des Mitarbeiters ins Ausland müssen auch betriebsverfassungsrechtliche Aspekte beachtet werden. Wie auch im Sozialversicherungsrecht, wird dabei für das Betriebsverfassungsgesetz das

---

[497] *Mastmann/Stark*, BB 2005, 1849, 1852.

[498] *Laws/Koziner/Waldenmaier*, S. 130.

[499] *Heuser/Heidenreich/Fritz*, Rn. 164.

[500] *Heuser/Heidenreich/Fritz*, Rn. 164 ff.

[501] *BAG*, NJW 1983, 2958; *MüKo – BGB – Hesse*, Vorbemerkung zu §§ 620-630 BGB, Rn. 93.

[502] *LAG Saarbrücken*, VersR 1951, 227; *MüKo – BGB – Hesse*, Vorbemerkung zu §§ 620-630 BGB, Rn. 94.

[503] *Heuser/Heidenreich/Fritz*, Rn. 168; *MüKo-BGB-Hesse*, Vorbemerkung zu §§ 620-630 BGB, Rn. 94.

sogenannte Territorialitätsprinzip herangezogen[504]. Danach findet das Betriebsverfassungsgesetz grundsätzlich auf Betriebe, die in der Bundesrepublik Deutschland ansässig sind, Anwendung[505].

Unter bestimmten Voraussetzungen kann das BetrVG auch auf Auslandstätigkeiten durch Ausstrahlung erstreckt werden[506]. Bei der Ausstrahlung wird nicht der räumliche Geltungsbereich des BetrVG auf das ausländische Unternehmen erstreckt[507]. Vielmehr ist die Erfüllung des persönlichen Anwendungsbereiches des BetrVG bei Entsendungen ins Ausland von entscheidender Bedeutung[508].

Eine Ausstrahlungswirkung ist gegeben, wenn der Arbeitnehmer vertraglich an das Heimatunternehmen gebunden und organisatorisch in die Betriebsorganisation eingebunden ist[509]. Dies wird angenommen, sofern die Entsendung von vornherein auf einen bestimmten Zeitraum befristet wurde und im Entsendungsvertrag eine Rückrufklausel vereinbart wurde[510].

Liegen diese Voraussetzungen vor, so ist bei Betrieben mit mehr als 20 Arbeitnehmern, bei Entsendungen auf die Beteiligung des Betriebsrates zu achten, wenn es sich um eine Versetzung nach § 95 Abs. 3 BetrVG mit einer Dauer von über einem Monat handelt. Dabei sind die entsandten Arbeitnehmer mitzuzählen.

Die wichtigsten Rechtsfolgen, die sich hinsichtlich der Entsendung aus der Ausstrahlungswirkung ergeben, sind, dass der Arbeitgeber vor jeder Entsendung nach § 99 Abs. 1 BetrVG die Zustimmung des Betriebsrats einzuholen hat. Des Weiteren stehen dem Betriebsrat bei Kündigungen die Rechte gem. § 102 BetrVG zu, insbesondere das Anhörungsrecht.

---

[504] *BAG* v. 25.04.1978, AP IPR Arbeitsrecht Nr. 16; *BAG* v. 07.12.1989, NZA 1990, 658; *Gemmel*, AuA, 2008, 270, 272; *Küttner – Kreitner*, Auslandstätigkeit Rn. 14; *Laws/Koziner/Waldenmaier*, S. 120; *Reiter*, NZA 2004, 1246, 1249.

[505] *RAG* v. 25.04.1978, AP Internationales Privatrecht, Arbeitsrecht Nr. 16; *Boemke*, NZA 1992, 112 m.w.N; *Reiter*, NZA 2004, 1246, 1249.

[506] *BAG* v. 25.04.1978, AP IPR Arbeitsrecht Nr. 16; *BAG* v. 21.10.1980, AP IPR Arbeitsrecht Nr. 17; *Boemke*, NZA 1992, 112, 113; *Küttner – Kreitner*, Auslandstätigkeit Rn. 15.

[507] *Boemke*, NZA 1992, 112, 113.

[508] *Boemke*, NZA 1992, 112, 113.

[509] *BAG* v. 25.04.1978, AP IPR Arbeitsrecht Nr. 16; *BAG* v. 21.10.1980, AP IPR Arbeitsrecht Nr. 17; *BAG* v. 07.12.1989, NZA 1990, 658; *Boemke*, NZA 1992, 112, 113; *Gemmel*, AuA, 2008, 270, 272; *Reiter*, NZA 2004, 1246, 1250; *Richardi*, Einleitung, Rn. 75.

[510] *BAG* v. 21.10.1980, AP IPR Arbeitsrecht Nr. 17; *BAG* v. 07.12.1989, NZA 1990, 658.

Für leitende Angestellte nach § 5 Abs. 3 BetrVG gelten grundsätzlich die Bestimmungen des Betriebsverfassungsgesetzes nicht. Wann ein Mitarbeiter als leitender Angestellter eingestuft wird, richtet sich nach der Ausgestaltung der Auslandstätigkeit[511].

Ein Problem kann sich dadurch ergeben, dass die RF, den Geschäftsführer einer GmbH als Arbeitnehmer einordnet. Wäre der Geschäftsführer als Arbeitnehmer zu qualifizieren, (s. Ziff. B. II. 2. c. bb. aaa.) könnte für ihn, bei Klage vor einem deutschen Gericht, theoretisch der Anwendungsbereich des BetrVG eröffnet sein.

In der Praxis würde die Anwendung des BetrVG vermutlich daran scheitern, dass das deutsche Gericht den Geschäftsführer nicht nach russischem Recht als Arbeitnehmer qualifizieren würde. Bei Kündigungsschutzklage vor einem russischen Gericht kann ebenso davon ausgegangen werden, dass das Gericht das BetrVG nicht prüfen wird.

Der Anwendung des BetrVG auf einen GmbH-Geschäftsführer stünde weiterhin der Zweck des Gesetzes entgegen. Das BetrVG gewährt dem Arbeitnehmer, bzw. dem Betriebsrat als seinem Vertreter, Mitwirkungs- und Mitbestimmungsrechte an Entscheidungen, die ansonsten allein durch die Unternehmensleitung getroffen werden würden[512]. Zudem schließt das Gesetz leitende Angestellte sowie GmbH-Geschäftsführer nach § 5 Abs. 2 und 3 BetrVG ausdrücklich vom Anwendungsbereich aus. Dieser Ausschluss wird damit begründet, dass diese Personengruppen typische Arbeitgeberfunktionen wahrnehmen und somit kein natürlicher Interessengegensatz zwischen den Parteien (Betriebsrat und dem Arbeitgeber) stattfinden kann, wie dies durch das BetrVG gefordert wird[513]. Würde der Geschäftsführer unter den Anwendungsbereich des BetrVG fallen, könnte er bspw. an der Wahl des Betriebsrates teilnehmen oder selbst gewählt werden, obwohl er arbeitgeberseitige Interessen vertritt. Dies würde den Sinn und Zweck des BetrVG verfälschen. Aus diesen Gründen hält die Verfasserin eine Anwendung des Gesetzes auf den Geschäftsführer für unrichtig.

oo. Rückkehrklausel; Reintegration

Häufig ergeben sich Streitigkeiten aus der sogenannten Rückkehrklausel, die bestimmt, auf welcher Basis und zu welchen Bedingungen der Mitarbeiter im Heimatunternehmen nach der Entsendung eingegliedert wird.

[511]   *Falder*, NZA 2000, 868.
[512]   *Richardi*, Einleitung, Rn. 1.
[513]   *BAG*, DB 1974, 826; *Dütz*, Rn. 738.

Bei Vertragsabschluss kann oftmals nicht abgesehen werden, wie sich das inländische Unternehmen während der Zeit der Entsendung entwickelt, bzw. welche Zusagen das Unternehmen bei Rückkehr gewähren kann. Es empfiehlt sich, einen Zeitraum von drei bis sechs Monaten vor Rückkehr des entsandten Mitarbeiters für Gespräche zum Thema der Wiedereingliederung in das Unternehmen einzuplanen, um Konflikte zu vermeiden[514]. Es sollte ein konkreter Ansprechpartner für derartige Fragen festgelegt werden.

Für die Ausgestaltung einer Rückkehrklausel bestehen mehrere Varianten. Zunächst kann vereinbart werden, dass der entsandte Arbeitnehmer auf seinen bisherigen Arbeitsplatz zurückkehrt[515]. Dies ist jedoch nur möglich, wenn für den Expatriate lediglich eine befristete Einstellung erfolgt ist[516].

In der Praxis wird häufiger die Gestaltungsmöglichkeit verwendet, dass der Arbeitnehmer bei Rückkehr aus dem Ausland einen mit der vorher ausgeübten Tätigkeit vergleichbaren Arbeitsplatz besetzt[517]. Bei dieser Formulierung bedarf es einer konkreten Beschreibung der früheren Tätigkeit sowie der Definition des Begriffes *„vergleichbarer Arbeitsplatz"*. Vergleichbar kann der Arbeitsplatz bspw. hinsichtlich der Tätigkeit, des Verantwortungsbereiches sowie des Einkommens sein[518].

Oftmals sollen die im Ausland erworbenen Kenntnisse den entsandten Arbeitnehmer dazu berechtigen, eine höhere Position zu erhalten. Bei dieser Gestaltungsweise ist für den Arbeitgeber Vorsicht geboten, um keine unbeabsichtigten Ansprüche auf eine Beförderdung zu begründen[519].

Eine alternative Regelung könnte bspw. darin bestehen, eine Abfindung als Nachteilsausgleich zu vereinbaren, sofern es dem Unternehmen aufgrund der allgemeinen wirtschaftlichen Entwicklung nicht möglich ist, einen vergleichbaren Arbeitsplatz anzubieten[520] Bei dieser Regelung sind im Voraus die Kriterien festzulegen, nach welcher sich die Höhe der Abfindung bestimmt (z.B. Höhe des letzten Bruttomonatsgehaltes mal Anzahl der Beschäftigungsjahre im Heimatunternehmen)[521].

---

[514]   *Mütze/Popp*, S. 80.

[515]   *Gemmel*, AuA 2008, 270, 273.

[516]   *Gemmel*, AuA 2008, 270, 273.

[517]   *Gemmel*, AuA 2008, 270, 273.

[518]   *Gnann*, S. 171.

[519]   *Gemmel*, AuA 2008, 270, 273.

[520]   *Gnann*, S. 171.

[521]   *Gnann*, S. 170 f.

Es erscheint sinnvoll, dass die Rückkehrklausel lediglich Wirkung entfaltet, sofern die Entsendung vertragsgemäß abläuft[522]. Für den Fall der vorzeitigen Beendigung, die durch den Arbeitnehmer zu vertreten ist oder durch andere von ihm zu vertretene Zuwiderhandlungen, soll die Klausel ausgeschlossen sein.

pp. Rückrufrecht

Das Weisungsrecht des Arbeitgebers bleibt auch im Ausland bestehen, muss aber den Anforderungen der Auslandstätigkeit nach angemessen sein[523]. Die konkrete Ausgestaltung dieses Rechtes wird zumeist in einer Rückrufklausel im Entsendungsvertrag vereinbart. Danach kann der Arbeitgeber den entsandten Mitarbeiter vorzeitig in das Heimatunternehmen zurückrufen[524]. Ob ein jederzeitiges Rückrufrecht oder lediglich ein Rückrufrecht bei Vorliegen bestimmter Voraussetzungen vereinbart wird, obliegt den Parteien. Es ist jedoch darauf zu achten, dass auch eine Rückrufklausel den Arbeitnehmer nach § 307 ff. BGB nicht unangemessen benachteiligen darf. Um dies zu gewährleisten, sind in der Klausel insbesondere mehrmonatige Fristen für die Ausübung des Rückrufrechtes festzulegen. Eine Abwägung zwischen den betrieblichen und den persönlichen Interessen des Arbeitnehmers ist beim Rückruf vorzunehmen[525].

Entstehen dem Expatriate im Rahmen eines vorzeitigen Rückrufs höhere Aufwendungen, z.B. steuerliche Nachteile, so kann der Arbeitnehmer nach der Rechtsprechung keinen Schadensersatz gegenüber dem Arbeitgeber geltend machen[526].

Die Vereinbarung einer Rückrufklausel muss – auch aus Sicht des Unternehmens – gut durchdacht werden, da diese Bestimmung regelmäßig indiziert, dass auch während der Entsendung eine enge Verbindung zur Heimatgesellschaft besteht[527]. Dies kann Auswirkungen auf das anwendbare Recht sowie auf steuer-, betriebsverfassungs- oder sozialversicherungsrechtliche Aspekte haben.

---

[522] *Gemmel*, AuA 2008, 270, 273.
[523] *Mastmann/Stark*, BB 2005, 1849, 1852.
[524] *Mastmann/Stark*, BB 2005, 1849, 1852.
[525] *Mastmann/Stark*, BB 2005, 1849, 1852.
[526] BAG v. 23.08.1990, DB 1991, 445; *LAG Frankfurt* v. 17.04.1985, DB 1986, 52.
[527] *Mastmann/Stark*, BB 2005, 1849, 1852.

qq. Dienstwagen

Häufig wird dem Expatriate, insbesondere in leitenden Positionen, für die Dauer des Auslandseinsatzes ein Dienstwagen zur Verfügung gestellt. Zunächst muss festgelegt werden, welches Modell, welcher Typ, welche Ausstattung dem Expatriate zustehen soll und ob und zu welchem Preis dieses im Einsatzland verfügbar ist[528]. Es sollte in diesem Zusammenhang die private und geschäftliche Nutzung geregelt werden sowie die entsprechende Kostentragung und steuerrechtlichen Aspekte[529]. Ebenfalls muss die Herausgabe des Dienstwagens einschließlich sämtlicher damit im Zusammenhang stehender Unterlagen vereinbart werden.

rr. Bezugnahmeklausel

Die Bestimmungen, welche bereits im Heimatarbeitsvertrag ausreichend geregelt sind, müssen nicht zusätzlich in die Zusatzvereinbarung aufgenommen werden[530]. Hier reicht vielmehr eine Bezugnahme auf den Heimatarbeitsvertrag aus.

Um die Nebenpflichten des Heimatarbeitsvertrages auf die Zusatzvereinbarung zu erstrecken, ist es erforderlich, dass in der Zusatzvereinbarung Bezug auf den Heimatarbeitsvertrag genommen wird. Dabei ist deutlich zu machen, welche Nebenpflichten auch während des Auslandseinsatzes gelten sollen.

5. Lokaler Anstellungsvertrag mit dem russischen Unternehmen

Voraussetzung für die Wirksamkeit des Mehrvertragsmodells in Russland ist das Vorliegen eines lokalen Anstellungsvertrages mit dem russischen Unternehmen. Dies wird durch die Aufenthaltsbestimmungen und Genehmigungserfordernisse der RF für ausländische Mitarbeiter verlangt (s. Ziff. C. I. 2. Nr. 3).

Es wird darauf hingewiesen, dass der lokale Anstellungsvertrag mit dem russischen Unternehmen den zwingenden Vorschriften des russischen Rechts entsprechen muss. Demzufolge finden die Ausführungen zum Vertragsinhalt des Übertrittsmodells in Ziff. E. I. 1. b. aa-ff und E. I. 1. c. aa-ee Anwendung.

---

[528] *Heuser/Heidenreich/Fritz*, Rn. 127 f.
[529] *Heuser/Heidenreich/Fritz*, Rn. 127 ff.
[530] *Mauer*, Rn. 364.

Weiterhin ist zu beachten, dass der lokale Anstellungsvertrag mit der Zusatzvereinbarung konform ausgestaltet wird. Dies bedeutet, dass z.b. Regelungen zur Dauer, Vergütung, zur Arbeits- und Urlaubszeit sich nicht widersprechen dürfen. Durch diese einheitlichen Regelungen wird erreicht, dass auch die Zusatzvereinbarung nicht gegen die zwingenden Vorschriften des russischen Arbeitsrechtes verstößt.

V. Gegenüberstellung Übertritts- und Mehrvertragsmodell

Nach ausführlicher Untersuchung beider Vertragsmodelle werden die wesentlichen Unterschiede zwischen dem Übertritts- und dem Mehrvertragsmodell in der folgenden Tabelle prägnant dargestellt:

	Übertrittsmodell	Mehrvertragsmodell
Anwendbares Recht	Grds. russisches Recht maßgeblich	Russisches und deutsches Recht zu beachten
Dauer der Entsendung	Lange Dauer (ab 3 Jahren) befristet oder unbefristet	Lange Dauer (bis max. 5 Jahre), befristet
Bindung an Heimatunternehmen	Keine	Bindung durch Zusatzvereinbarung und ruhendes Arbeitsverhältnis
Wer ist Arbeitgeber	Russisches Unternehmen	I.d.R. Heimatunternehmen
Weisungsrecht des Heimatunternehmens	Kein	Weisungsrecht aus ursprünglichem Arbeitsvertrag gilt auch während Entsendung
Rückkehr in Heimatunternehmen	Nicht vorgesehen	Häufig vorgesehen
Kostenbelastung	Liegt beim russischen Unternehmen	Bei beiden Unternehmen
Lebensmittelpunkt	I.d.R. Verlagerung nach Russland	Zumeist noch in Deutschland
Sozialversicherung	Richtet sich nach russischem Recht	Bei Eingliederung in den deutschen Betrieb, möglicherweise Ausstrahlung der dt. Sozialversicherungsvorschriften
Betriebliche Altersvorsorge	Keine Fortführung	Kann fortgeführt werden
BetrVG	Keine Anwendung des BetrVG	Ausstrahlung des BetrVG möglich (z.B. bei Rückrufrecht)
Steuern	Russisches Steuerrecht	Je nach Dauer der Entsendung (mehr oder weniger als 183 Tage) deutsches oder russisches Steuerrecht
Vertragliche Gestaltung	Einfache vertragliche Gestaltung	Komplexe vertragliche Gestaltung

Eigene Darstellung

Der wesentliche Unterschied zwischen dem Übertritts- und dem Mehrvertragsmodell liegt in der Bindung an das Heimatunternehmen. Während sich der Mitarbeiter beim Übertrittsmodell vollständig vom Heimatunternehmen löst, besteht beim Mehrvertragsmodell durch die Zusatzvereinbarung auch während der Entsendung eine enge Bindung zum Heimatunternehmen.

Infolge dieser vergleichenden Betrachtung kann geschlussfolgert werden, dass der Arbeitnehmer sich i.d.R. eher für das Mehrvertragsmodell entscheiden würde, da dieses seinem großen Sicherheitsbedürfnis gerechter wird. Gerade die Frage der sozialen Absicherung im Krankheitsfall oder im Alter ist für ihn von besonderer Bedeutung, ebenso wie eine Wiedereinstellungszusage des Heimatunternehmens.

Das Übertrittsmodell scheint auf den ersten Blick die ideale Lösung für das Heimatunternehmen darzustellen, da keine zusätzlichen Kosten zu erwarten sind. Es bleibt jedoch zu beachten, dass dem Heimatunternehmen bei dieser Variante keinerlei Einflussmöglichkeiten oder Weisungsrechte zustehen.

Eine kontrollierte Einführung von einheitlichen Unternehmensstrukturen durch die Entsendung von Mitarbeitern im Rahmen dieses Modells wird mangels Kontrollmöglichkeiten nicht vorteilhaft sein. Auch die Verwendung des Übertrittsmodells beim Aufbau einer Tochtergesellschaft kann zu Problemen führen, sofern sich nicht aus anderen Vereinbarungen Weisungsrechte und Berichtspflichten zugunsten des Heimatunternehmens ergeben, die eine Verselbständigung des Tochterunternehmens verhindern können.

Insgesamt wird festgestellt, dass die beiden Modelle so verschieden sind, dass je nach Situation und Einzelfall sowohl der Einsatz des einen als auch des anderen Modells sinnvoll sein kann.

Mögliche Entscheidungskriterien für die Auswahl eines Modells können bspw. sein:

- Unternehmens- bzw. Konzernphilosophie,
- Weisungsrecht und Kontrolle des Stammunternehmens (Berichtspflichten),
- Eingliederung in lokales Unternehmen gewollt,
- Dauer der Entsendung,
- Tätigkeit im Einsatzunternehmen,
- Familiäre Umstände des Mitarbeiters,

- Sicherheitsbedürfnis/Risikofreude des Mitarbeiters.

Welches Vertragsmodell sinnvoll erscheint, ist demnach vom konkreten Einzelfall abhängig.

F. Fazit

Die vorgenommene Analyse zeigt, wieviele unterschiedliche rechtliche Aspekte sowohl in der russischen als auch in der deutschen Rechtsordnung bei einer Entsendung beachtet werden müssen.

Zusammenfassend wird festgestellt, dass sich im Rahmen der Entsendung von Deutschland in die RF das anwendbare Recht selbst bei deutscher Rechtswahl nach den Anforderungen der zwingenden arbeitsrechtlichen russischen Vorschriften richten muss. Darüber hinaus ist zwingendes russisches Recht sogar anzuwenden, sofern das gesetzlich bestimmte Statut deutsches Recht vorsieht.

Dementsprechend müssen die Verträge, auf deren Grundlage der Expatriate entsandt wird, stets den Anforderungen des zwingenden russischen Arbeitsrechtes genügen. Es besteht nur wenig Gestaltungsspielraum, da das russische Arbeitsrecht dem Arbeitnehmer noch großzügigere Schutzvorschriften einräumt, als dies in Deutschland der Fall ist.

Nur teilweise ist es möglich, den zwingenden russischen Arbeitsrechtsvorschriften zu entgehen, indem ein Dienstleistungsvertrag geschlossen wird. Hierbei dürfen keine Indizien für einen Arbeitsvertrag vorliegen, da die Gerichte u.U. im Streitfall einen Dienstleistungsvertrag in einen Arbeitsvertrag umqualifizieren würden. In diesem Zusammenhang ist darauf zu achten, dass der GmbH-Geschäftsführer, im Gegensatz zum deutschen Recht, im russischen Recht grundsätzlich als Arbeitnehmer qualifiziert wird.

Nicht nur die russischen Arbeitsrechtsvorschriften, sondern auch die russischen Bestimmungen des Migrations- und Ausländerrechts setzen der Vertragsautonomie Grenzen. Danach ist bspw. der Arbeitgeber verpflichtet, Sorge für die Beschaffung der entsprechenden Arbeits- und Aufenthaltserlaubnis zu tragen[531]. Die umfassenden, strengen, unpraktikablen Vorschriften ermöglichen in der Praxis kaum eine vorschriftsmäßige Einreise und Tätigkeitsausübung. Allerdings sind die 2010 eingeführten Erleichterungen für hochqualifizierte Mitarbeiter zu begrüßen.

Die soeben dargestellten rechtlichen Anforderungen können nicht durch vertragliche Regelungen beeinflusst werden. Anders gestaltet sich dies im Sozialversicherungs-, Steuer- oder Betriebsverfassungsrecht. Hier haben die Vertragsparteien die Möglichkeit, durch geschickte Vertragsgestaltung auf mögliche Vorteile hinzuwirken. So kann bspw. die Ausstrahlung

---

[531] Gesetz „Über die Rechtslage ausländischer Staatsbürger in der Russischen Föderation" Nr. 115-F3 v. 25.07.2002.

der deutschen Sozialversicherung erreicht werden, indem der Expatriate organisatorisch in den Heimatbetrieb eingegliedert bleibt, dem Stammhaus weiterhin das Weisungsrecht zusteht und mit dem Expatriate eine Reintegrationsklausel vereinbart wird. Ähnliche Gestaltungsmöglichkeiten ergeben sich im Steuerrecht, wo über die Dauer der Entsendung (mehr oder weniger als 183 Tage Aufenthalt), den Wohnsitz und die Ansässigkeit des Entsandten sowie über die Zuordnung des Arbeitgebers im Vertrag gesteuert werden kann, welchem Steuerrecht der Vertrag zuzuordnen ist.

Weiterhin führt eine Vertragsbindung an das Heimatunternehmen und organisatorische Eingliederung in die Betriebsorganisation[532], z.B. durch Vereinbarung einer Rückrufklausel[533] zumeist zur vom Arbeitgeber ungewollten Konsequenz der Ausstrahlung des BetrVG.

Die Berücksichtigung von bestimmten Interessen der Vertragsparteien kann ebenfalls durch die Wahl des Vertragsmodells beeinflusst werden.

In dieser Ausarbeitung wurden die Vertragsmodelle Übertrittsmodell, Ein- und Zweivertragsmodell sowie das Mehrvertragsmodell untersucht. Im Ergebnis wurde festgestellt, dass das Ein- und Zweivertragsmodell in Russland nicht anwendbar sind, da diese Varianten keinen lokalen Vertrag mit dem Einsatzunternehmen vorsehen. Demzufolge obliegt den Parteien für einen längeren Auslandseinsatz in der RF die Wahl zwischen dem Übertrittsmodell und dem Mehrvertragsmodell (s. Ziff. E. V.).

Zum Gelingen einer Entsendung sind eine sorgfältige Vorbereitung und gut durchdachte Wahl des Vertragsmodells sowie rechtlich sinnvolle Gestaltung der Verträge notwendig. In der Praxis sollte daher der Rat von Sachverständigen, hinsichtlich Steuern, Sozialversicherung und russischem Recht, eingeholt werden. Anschließend sollte eine Risikoanalyse durchgeführt werden.

Dringend zu empfehlen ist zudem, vorab mit dem zu entsendenden Mitarbeiter Gespräche zu führen und ihn über mögliche Risiken und Probleme aufzuklären.

Abschließend wird festgestellt, dass es keinen einheitlichen Mustervertrag für Entsendungen geben kann. Es ist vielmehr notwendig, die Verträge je nach Einzelfall, an die rechtlichen Erfordernisse und persönlichen Interessen der Vertragsparteien individuell anzupassen.

---

[532] *BAG* v. 25.04.1978, AP IPR Arbeitsrecht Nr. 16; *BAG* v. 21.10.1980, AP IPR Arbeitsrecht Nr. 17; *BAG* v. 07.12.1989, NZA 1990, 658; *Boemke*, NZA 1992, 112; 113; *Gemmel*, AuA, 2008, 270, 272.

[533] *BAG* v. 07.12.1989, NZA 1990, 658.

Literaturverzeichnis

Altmeppen, Holger/ **Roth, Günter**	Gesetz betreffend die Gesellschaften mit beschränkter Haftung (GmbHG), Kommentar, 6. Auflage, München 2009, *zitiert: Altmeppen/Roth – Bearbeiter*
Balashova, Elena/ **Wedde, Rainer**	Entsendung nach Russland: Let´s go east, AuA 2008, 82 - 85
Balashova, Elena/ **Wedde, Rainer**	Aktuelle Änderungen im russischen Arbeitsrecht, WiRO 2007, 140 - 144
Baumbach, Adolf/ **Hopt, Klaus J./** **Merkt, Hanno**	Kommentar zum Handelsgesetzbuch, Band 9, 34. Auflage, München 2010, *zitiert: Baumbach/Hopt – Bearbeiter*
Birk, Rolf	Die Bedeutung der Parteiautonomie im internationalen Arbeitsrecht, RdA, 1989, 201 - 207
Boemke, Burkhard	„Ausstrahlungen" des Betriebsverfassungsgesetzes ins Ausland, NZA 1992, 112 - 116
Boemke, Burkhard/ **Lembke, Mark**	Arbeitnehmerüberlassungsgesetz, Kommentar, 2. Auflage, Frankfurt a.M. 2005
Brandmüller, Gerhard	Der GmbH-Geschäftsführer in Gesellschafts-, Steuer- und Sozialversicherungsrecht, 6. Auflage, Bonn 1994
Brähler, Gernot	Internationales Steuerrecht, 5. Auflage, Wiesbaden 2009
Breidenbach, Stephan **(Hrsg.)**	Handbuch Wirtschaft und Recht in Osteuropa, München 2003, *zitiert: Breidenbach – Bearbeiter*
Brox, Hans/ **Walker, Wolf-Dietrich**	Besonderes Schuldrecht, 28. Auflage, München 2003
Calliess, Christian/ **Ruffert, Matthias** **(Hrsg.)**	Das Verfassungsrecht der Europäischen Union, 3. Auflage, München 2007, *zitiert: Calliess/Ruffert – Bearbeiter*

Clausnitzer, Jochen/ Woopen, Herbert	Internationale Vertragsgestaltung – Die neue EG-Verordnung für grenzüberschreitende Verträge (Rom I-VO), BB 2008, 1798 - 1808
Däubler, Wolfgang	Arbeitsrecht, 7. Auflage, Frankfurt a. M. 2008
Däubler, Wolfgang	Arbeitsrecht und Auslandsbeziehungen, AuR 1990, 1 - 12
Debatin, Helmut/ Wassermeyer, Franz/ Korn, Rudolf/ Dietz, Georg (Hrsg.)	Doppelbesteuerung – Kommentar zu allen deutschen Doppelbesteuerungsabkommen, Loseblattsammlung, München 2009, zitiert: DBA-Komm- Bearbeiter
Deinert, Olaf	Arbeitnehmerentsendung im Rahmen der Erbringung von Dienstleistungen innerhalb der Europäischen Union, RdA 1996, 339 - 352
Duden	Das Bedeutungswörterbuch, Band 10, 3. Auflage, Mannheim 2002
Duden	Deutsches Universal-Wörterbuch, 4. Auflage, Mannheim 2001
Dütz, Wilhelm	Arbeitsrecht, 13. Auflage, München 2008
Erfurter Kommentar	zum Arbeitsrecht, 10. Auflage, München 2010, zitiert: ErfK/Bearbeiter
Fabry, Bernd/ Trimborn, Michael	Arbeitnehmererfindungsrecht im internationalen Vergleich, München 2007
Falder, Roland	Geschäftsführer bei Auslandsgesellschaften, Geschäftsführer ausländischer Tochtergesellschaften – leitende Angestellte nach deutschem Arbeitsrecht? NZA 2000, 868 - 872
Fritz, Christoph	Mitarbeiterentsendung nach Russland, Personalwirtschaft 2004, 32 - 33
Frotscher, Gerrit	Internationales Steuerrecht, 2. Auflage, München 2005
Gemmel, Yvonne	Personaleinsatz über Grenzen hinweg, AuA 2008, 270 - 274
Gnann, Thomas	Arbeitsvertrag bei Auslandsentsendung, München 1993

Götting, Horst-Peter/ *Nordermann, Axel* *(Hrsg.)*	UWG Handkommentar, Dresden und Berlin 2010, zitiert: Götting/Nordermann – Bearbeiter
Gretchichnikova, Elena	Das neue russische Arbeitsrecht und der Arbeitsvertrag, WiRO 2002, 289 - 294
Gutbrod, Max/ *Plagemann, Florian*	Zur Typisierung von Verträgen über Leistungen im russischen und deutschen Zivilrecht, WiRO 2008, 33 - 37
Haase, Klaus Dittmar	Betriebliche Steuerplanung, 3. Auflage, Norderstedt 2008
Heidemann, Thomas	Die GmbH in der Russischen Föderation, GmbHR 2002, 732 - 735
Henssler, Martin	Arbeitsrecht in Europa, 2. Auflage, Köln 2007, zitiert: Henssler/Bearbeiter
Herberger, Maximilian/ *Martinek, Michael/* *Rüßmann, Helmut/* *Weth, Stephan (Hrsg.)*	juris Praxiskommentar – BGB, Band 2, 4. Auflage, Saarbrücken 2008, zitiert: jurisPK – BGB – Bearbeiter
Heuser, Achim/ *Heidenreich, Jürgen/* *Fritz, Christoph*	Auslandsentsendung und Beschäftigung ausländischer Arbeitnehmer – Rechtliche Aspekte beim internationalen Mitarbeitereinsatz, 3. Auflage, München, Unterschleißheim 2009
Hönsch, Ronald	Neuregelung des Internationalen Privatrechts aus arbeitsrechtlicher Sicht, NZA, 1988, 113 - 119
Hromadka, Wolfgang/ *Maschmann, Frank*	Arbeitsrecht, Band 1, Individualarbeitsrecht, 3. Auflage, Berlin 2004
Hueck, Götz/ *Windbichler, Christine*	Gesellschaftsrecht, 21. Auflage, München 2008
Igl, Gerhard/ *Welti, Felix*	Sozialrecht, 8. Auflage, Neuwied 2007
Jarass, Hans/ *Pieroth, Bodo*	Kommentar zum Grundgesetz, 9. Auflage, München 2007

Junker, Abbo	Internationales Arbeitsrecht in der Praxis im Blickpunkt: Zwanzig Entscheidungen der Jahre 1994 - 2000, RIW 2001, 94 - 107
Junker, Abbo	Internationales Arbeitsrecht im Konzern, Tübingen 1992
Kamphoff, Beate	Europäische grenzüberschreitende Entsendung von deutschen Arbeitnehmern in EU- und Nicht-EU-Staaten, Dissertation Universität Münster 2002
Karraß, Jan Wedde, Rainer	Russische Föderation: Zivilgesetzbuch – Teil III – Abschnitt VI (Internationales Privatrecht), WiRO 2002, 272 - 277
Koberski, Wolfgang/ Asshoff, Gregor/ Hold, Dieter	Arbeitnehmer-Entsendegesetz, Kommentar, 2. Auflage, München 2002
Koch, Harald/ Magnus, Ulrich/ Winkler von Mohrenfels, Peter	IPR und Rechtsvergleichung, 3. Auflage, München 2004, zitiert: Koch/Magnus
Kozlov, Vladimir	Work permits within a month, The Moscow News vom 13 - 15.04.2010, S. 12
Krause, Rüdiger	Arbeitsrecht, Erlangen-Nürnberg 2005
Kraßer, Rudolf (Hrsg.)	Patentrecht – Ein Lehr- und Handbuch zum deutschen Patent- und Gebrauchsmusterrecht, Europäischen und Internationalen Patentrecht, 6. Auflage, München 2009
Küttner, Wolfdieter/ Röller, Jürgen (Hrsg.)	Personalbuch 2010: Arbeitsrecht, Lohnsteuerrecht, Sozialversicherungsrecht, 17. Auflage, München 2010, zitiert: Küttner – Bearbeiter
Laptew, Alexej	Zur Vollstreckbarkeit russischer Gerichtsentscheidungen in Deutschland: Neue Entwicklungen, WiRO 2006, 198
Laws, Britta/ Koziner, Armando/ Waldenmaier, Marianne	Mitarbeiter ins Ausland entsenden – Verträge gestalten und Vergütung optimieren, 2008

Littmann, Eberhard/ *Bitz, Horst/* *Pust, Hartmut (Hrsg.)*	Das Einkommensteuerrecht - Kommentar zum Einkommensteuerrecht, Stuttgart 2009 *zitiert: Littmann/Bitz/Pust – Bearbeiter*
Looschelders, Dirk	Kommentar zum Internationalen Privatrecht, Berlin 2004
Mankowski, Peter	Ausländische Scheinselbständige und Internationales Privatrecht, BB 1997, 465 - 472
Mastmann, Gabriele/ *Stark, Josefine*	Vertragsgestaltung bei Personalentsendungen ins Ausland, BB 2005, 1849 - 1856
Mauer, Reinhold	Personaleinsatz im Ausland, 2003
Mauer, Reinhold/ *Sadtler, Susanne*	Rom I und das internationale Arbeitsrecht, DB 2007, 1586 - 1589
Moll, Wilhelm (Hrsg.)	Münchener Anwaltshandbuch Arbeitsrecht, 1. Auflage, München 2005, *zitiert: Moll/Bearbeiter*
Muckel, Stefan	Sozialrecht, 2. Auflage, München 2007
Müller, Carsten	International zwingende Normen des deutschen Arbeitsrechts, Tübingen 2005
Müller, Welf/ *Winkeljohann, Norbert (Hrsg.)*	Beck´sches Handbuch der GmbH, Gesellschaftsrecht – Steuerrecht, 4. Auflage, München 2009
Münchener Kommentar	zum Bürgerlichen Gesetzbuch, Schuldrecht, Besonderer Teil II (§§ 611 - 704, EFZG, TzBfG, KSchG), Band 4, 5. Auflage, München 2009, *zitiert: MüKo – BGB – Bearbeiter*
Münchener Kommentar	zum Bürgerlichen Gesetzbuch, Einführungsgesetz zum Bürgerlichen Gesetzbuch (Art. 1 - 46), Internationales Privatrecht, Band 10, 4. Auflage, München 2006, *zitiert: MüKo – IPR – Bearbeiter*
Münchner Kommentar	zum Handelsgesetzbuch, Handelsgesellschaften und stille Gesellschaft (§§ 105 - 160), Band 2, 2. Auflage, München 2006, *zitiert MüKo – HGB – Bearbeiter*

Mütze, Kai/ **Popp, Michael**	Handbuch Auslandsentsendung, Frechen 2007
Neyer, Wolfgang	Steuerliche Behandlung der grenzüberschreitenden Arbeitnehmerentsendung im Konzernverbund, BB 2006, 917 - 920
Орловский, Ю. П. (Orlovskij, Ju. P.)/ **Нуртдинова, А. ф.** **(Nurtdinova, A. F.)**	Трудовое Право России (Arbeitsrecht Russlands), 3. Auflage, Moskau 2010
Palandt, Otto (Hrsg.)	Kommentar zum Bürgerlichen Gesetzbuch, 69. Auflage, München 2010, *zitiert: Palandt – Bearbeiter*
Pielow, Johann- **Christian (Hrsg.)**	Beck´scher Online-Kommentar, Gewerberecht, Edition 11, Stand 01.07.2010, *zitiert: BeckOK – Gewerberecht – Bearbeiter*
Piksin, Nikolay	Regelung des Arbeitsvertrags im neuen Arbeitsgesetzbuch der Russischen Föderation, WiRO 2005, 1 - 6
Plagemann, Hermann	Die Versorgung des GmbH-Geschäftsführers: Kriterien für die Sozialversicherungspflicht, WiB, 1994, 223 - 227
Pohl, Hans-Jürgen	Grenzüberschreitender Einsatz von Personal und Führungskräften, NZA 1998, 735 - 742
Preis, Ulrich	Arbeitsrecht – Praxis-Lehrbuch zum Individualarbeitsrecht, Köln 1999
Pristavkina, Maria/ **Wedde, Rainer**	Personalkostenoptimierung in Russland, AuA 2009, 699 - 702
Reiserer, Kerstin/ **Schulte, Knut**	Der GmbH-Geschäftsführer im Sozialversicherungsrecht, BB 1995, 2162 - 2170
Reiter, Christian	Anwendbare Rechtsnormen bei der Kündigung ins Ausland entsandter Arbeitnehmer, NZA 2004, 1246 - 1255
Richardi, Reinhard **(Hrsg.)**	Kommentar zum Betriebsverfassungsgesetz mit Wahlordnung, 12. Auflage, München 2010

Richardi, Reinhard/ Wlotzke, Otfried (Hrsg.)	Münchener Handbuch zum Arbeitsrecht, Individualarbeitsrecht I, Band 1, 2. Auflage, München 2000, *zitiert: MünchArbR – Bearbeiter*
Rolfs, Christian/ Giesen, Richard/ Kreikebohm, Ralf/ Udsching, Peter (Hrsg.)	Beck'scher Online-Kommentar Arbeitsrecht, Edition 16, Stand 01.06.2010, *zitiert: BeckOK – ArbR – Bearbeiter*
Ruch, Friedericke v.	Mitarbeiterentsendung nach Russland, Personal Manager, 2006, 26 - 27
Safronova, Natalia	Änderungen der Gesetzgebung über das Verfahren der Ausstellung russischer Visa, WiRO 2003, 272 - 273
Safronova, Natalia/ Zentner, Eugen	Neue Bestimmungen für die Ein- und Ausreise und den Aufenthalt ausländischer Bürger in Russland, WiRO 2003, 97 - 99
Salger, Carsten/ Breitfeld, Anja	Regelungen zum Schutz von betrieblichem Know-how - die Sicherung von Geschäfts- und Betriebsgeheimnissen, BB 2005, 154 - 158
Sarodnick, Simone	Business-Guide Russland, Spielregeln – Fallstricke – Chancen, 2. Auflage, Köln 2009
Scharf, Alexander	Das Arbeitsrecht der Russischen Föderation und der Republik Belarus, Frankfurt am Main 1999
Schaub, Günther/ Koch, Ulrich/ Linck, Rüdiger/ Vogelsang, Hinrich	Arbeitsrechtshandbuch, 12. Auflage, München 2007, *zitiert: Schaub/Bearbeiter*
Schiek, Dagmar	Europäisches Arbeitsrecht, 2. Auflage 2005
Schlachter, Monika	Grenzüberschreitende Arbeitsverhältnisse, NZA 2000, 57 - 64
Schrader, Peter/ Schubert, Jens	Der „getarnte" Arbeitnehmer-Geschäftsführer, BB 2007, 1617 - 1620

Schüren, Peter (Hrsg.)	Arbeitnehmerüberlassungsgesetz, Kommentar, 4. Auflage, München 2010, *zitiert: Schüren – Bearbeiter*
Soergel, Hans Theodor/ (Begründer) Siebert, Wolfgang (Hrsg.)	Kommentar zum Bürgerlichen Gesetzbuch, Einführungsgesetz, Band 10, 12. Auflage, Stuttgart, Berlin, Köln 1996, *zitiert: Soergel – Bearbeiter*
Solotych, Stefanie	Neues russisches IPR, WiRO 2002, 41 - 43
Staudinger, Julius von/ Armbrüster, Christian/ Ebke, Werner F./ Hausmann, Rainer/ Magnus, Ulrich	Kommentar zum Bürgerlichen Gesetzbuch, EGBGB/IPR, Art. 27-37 EGBGB, 13. Auflage, Berlin 2002, *zitiert: Staudinger – Bearbeiter*
Thüsing, Gregor	AGB-Kontrolle im Arbeitsrecht, München 2007
Twickel, Nikolaus von	Russians Pitch Visa-Free Travel, The Moscow Times vom 21.05.2010, S. 2
Ulber, Jürgen	Arbeitnehmerüberlassungsgesetz und Arbeitnehmer-Entsendegesetz: Kommentar für die Praxis, 3. Auflage, Frankfurt a. M. 2005
Voelzke, Thomas/ Schegel, Rainer (Hrsg.)	Ausstrahlung deutscher Sozialrechtsnormen bei befristeter Versetzung in ein amerikanisches Tochterunternehmen, jurisPR-SozR 16/2007 Anm. 1
Wellisch, Dietmar/ Näth, Maik/ Thiele, Kerstin	Sozialversicherungspflicht bei internationaler Mitarbeiterentsendung – Vorschriften und Gestaltungsmöylichkeiten, IStR 2003, 746 - 756
Wellmann, Richard	Investitionsstandort Russische Föderation: Wirtschaftsrecht, IStR 2008, 426 - 433
Wellmann, Richard/ Ivanjuk, Anna/ Schibajew, Dimitri	Die Gesellschaft mit beschränkter Haftung in der Russischen Föderation und der Bundesrepublik Deutschland im Lichte aktueller Gesetzesänderungen, IStR, 2009, 765 - 771
Werthebach, Pia	Arbeitnehmereinsatz im Ausland – Sozialversicherung und anwendbares Recht bei befristeter Entsendung, NZA 2006, 247 - 250

| **Wertheimer, Frank/** | Rechtsfragen zur Nebentätigkeit von Arbeit- |
| **Krug, Margarete** | nehmern, BB 2000, 1462 - 1468 |

Internetquellen

Auswärtiges Amt	*Russische Föderation, Reise- und Sicherheitshinweise,* http://www.auswaertiges-amt.de/diplo/de/Laender informationen/RussischeFoederation/Sicherheits hinweise.html#t4; (Stand 09.08.2010)
Bundesministerium für Arbeit und Soziales, Pressemitteilung vom 16.07.2008	*Kabinett billigt Arbeitnehmer-Entsendegesetz und Mindestarbeitsbedingungengesetz,* http://www.bmas.de/portal/26934/; (Stand 20.09.2010)
Bundesministerium für Arbeit und Soziales, Pressemitteilung vom 22.01.2009	*Mindestlohn-Gesetze beschlossen,* http://www.bmas.de/portal/30616/; (Stand 20.09.2010)
Deutsch-Russische AHK	*Arbeitsgenehmigung für ausländische Fachkräfte mit einem Jahresgehalt von mind. 2 Mio. Rubel,* http://russland.ahk.de/recht/spezialisten/; (Stand 20.09.2010)
Deutsch-Russische AHK	*Arbeitsgenehmigung für ausländische Mitarbeiter,* http://russland.ahk.de/recht/auslaendische-mitarbeiter/; (Stand 20.09.2010)
Deutsch-Russische AHK	*Änderungen in der Migrationspolitik Russlands hinsichtlich hochqualifizierter Arbeitskräfte,* http://russland.ahk.de/mitglieder/komitees/person al/struktur/news/aenderungen-in-der-migrationspolitik-russlands-hinsichtlich-hochqualifizierter-arbeitskraefte-aus-visapflichtigen-laendern-bevorstehen/; (Stand 12.06.2010)

Deutsch-Russische AHK	*Russland in Zahlen – Aktuelle Wirtschaftsdaten für die RF, Sommer 2010,* http://russland.ahk.de/fileadmin/user_upload/Dok umente/Publikationen/Makrodaten/2010/Russland _Zahlen_II_01_07.pdf ; (Stand 06.09.2010)
Deutsche Renten-versicherung	*Arbeiten in Deutschland und im vertragslosen Aus-land,* http://www.deutsche-rentenversicherung.de/ nn_15154/SharedDocs/de/Inhalt/04__Formulare__ Publikationen/02__info__broschueren/01__ aus-land/ arbeiten__in__deutschland__und__vertrags losen __ausland,templateId=raw,property= publi-cationFile.pdf/arbeiten_in_deutschland_und_ ver-tragslosen_ausland; (Stand 13.09.2010)
Deutsche Renten-versicherung	*Richtlinien zur versicherungsrechtlichen Beurteilung von Arbeitnehmern bei Ausstrahlung (§ 4 SGB IV) und Einstrahlung (§ 5 SGB IV) vom 23.04.2007,* http://www.deutsche-rentenversicherung.de/ nn_7112/SharedDocs/de/Inhalt/Zielgruppen/02__ar beitgeber__steuerberater/03__publikationen/ Ge-meinsame__Rundschreiben__der__SV/2007/rs__ ein__und__ausstrahlung__pdf,templateId=raw,pro perty= publicationFile.pdf/rs_ein_und_ ausstrah-lung_pdf (Stand: 01.10.2010)
ILO – International Labour Organiza-tion	*Von der Bundesrepublik Deutschland ratifizierte ILO-Übereinkommen,* http://www.ilo.org/public/german/region/eurpro/b onn/arbeitsnormen/index.htm; (Stand 15.09.2010)
Mercer	*Aktuelle Cost-of-Living-Studie von Mercer,* http://www.hr-training.mercer.com/ sum-mary.htm?id Content=1383820(Stand 20.09.2010)

Russland – Aktuell, Internetzeitung, Artikel vom 14.05.2008

Existenzminimum in Moskauer Umland bei 135 Euro, http://www.aktuell.ru/russland/news/existenzmini mum_in_moskauer_umland_bei_135_euro_21262. html; (Stand 02.10.2010)

Spiegel Online, Artikel vom 24.07.2008

Moskau ist die teuerste Stadt der Welt, http://www.spiegel.de/wirtschaft/0,1518,567908,0 0.html; (Stand 19.08.2010)